小学校国語科

どの子も必ず書けるようになる「書くこと」の授業づくり

すぐに使える練習ドリル付き

長谷川祥子 編著
小川智勢子
西山悦子 著

明治図書

まえがき

この本は、小学校国語科で、どの子どもも必ず書けるようになる、「書くこと」の授業づくりを紹介しています。埼玉県三郷市立吹上小学校と東京都台東区立東泉小学校の2校の研究に基づいて書いています。この2校は、学校全体で論理的文章を「読むこと・書くこと」の学習指導を研究し、二〇一九年の秋に研究発表を終えました。学校研究としての授業づくりの成果を説明します。

拙書『小学校国語科　論理的文章を書く力を育てる書き方指導　論理的思考力・表現力を身につける小論文指導法』（明治図書、二〇一七年）では、小学校の先生方に論文指導法を易しく説きました。明日から教室ですぐに実践できる論理的文章を書く学習の提案を目指しました。前述の2校はそれらを具現化した上に、さらにどの子どもも論理的文章を書くことができる授業をつくってきました。初任の先生や国語を教えることが苦手な先生も、すぐに取り組むことのできる小論文の指導法です。

全4時間の学習指導案には全発問・指示・説明をせりふで台本のように書いてあります。ワークシートも全てコピーすれば使えます。さらに、「書く」学習の導入やまとめなど、短時間で学習できる「論理のドリル」が資料編にあります。子どもの論理的思考力・表現力を確実に育成する授業提案になっていると考えています。子どもの考えを発信してほしい今、一度、実践してみてください。

二〇二〇年六月一日

長谷川　祥子

目次

Ⅱ 学校研究1 埼玉県三郷市立吹上小学校

第一章 研究の概要

第二章 校内研究の重点項目

第三章　全校で取り組んだ小論文の書き方学習

第四章　各学年の実践事例

第五章　口頭作文の実践

第六章 学校研究の成果と課題

Ⅲ　学校研究２　東京都台東区立東泉小学校

第一章　研究の概要

第二章　校内研究の重点項目

第三章　全校で取り組んだ小論文の書き方学習

第四章　論理的文章を「読むこと」「書くこと」における各学年の実践事例

第五章　読書感想文の実践事例

第六章　学校研究の成果と課題

I

小学校国語の「書くこと」の学習の全体像

●第一章● 論理的に「書く」学習の問題点

1 大学入学共通テストの記述式問題の導入見送りと第二のPISAショック

二〇一九年十二月に、文部科学大臣が二〇二一年一月実施の大学入学共通テストにおける記述式問題の導入見送りを発表しました。同じく十二月に、PISA2018（OECD 生徒の学習到達度調査2018年調査）の結果報告がありました。まずは、二〇一八年十一月実施の大学入学共通テストのプレテスト国語の「第1問 問3」を見てみましょう。

問3 「ヒトの指差し」と指示語についても考えたまことさんは、次の【資料】を見つけ、傍線部「指さされたものが、話し手が示したいものと同一視できないケース」があることを知った。まことさんは、「話し手が地図上の地点を指さす」行為もこのケースに当てはまることに気付き、【文章Ⅰ】と【文章Ⅱ】に記された「指差し」の特徴から、なぜ「同一視できないケース」でも「話し手が示したいもの」を理解できるのかについての考えをまとめることにした。まことさんは、どのようにまとめたと考えられるか。後の(1)～(4)を満たすように書け。（【資料】は

省略）
(1)　二つの文に分けて、全体を八十字以上、百二十字以内で書くこと（句読点を含む）。(2)・(3)
（省略）
(4)　二文目は、「それが理解できるのは」で書き始め、「からである。」という文末で結ぶこと。

「文章Ⅰ・Ⅱ」と「資料」の3種類の論理的文章（説明文や説明的な文章、報告、論説など）を読み、記述します。大学入試センター公表の「正答の条件」は5点あり、相当な難問といえるでしょう。

一方、ＰＩＳＡ２０１８の読解力は二〇一五年より「平均得点・順位が統計的に有意に低下」しました。自由記述問題は「自分の考えを他者に伝わるように根拠を示して説明することに、引き続き、課題がある」とされています。読解力の推移のグラフから、第二のＰＩＳＡショックといえそうです。

プレテスト国語や、ＰＩＳＡ型読解力の問題で掲げられたような、論理的文章を的確かつ迅速に読み、自分の考えを形成し、論理的に書くためには、初期段階の学習での積み重ねが重要です。このような役割を小学校国語科授業が担います。論理的文章を書く学習の入門期では日常生活を題材に、経験から対象を見出し、論理的思考力・表現力を系統的に育成していくことが大切です。

2　大学生になってもレポート作成で苦労している

二〇一七年十一月、青山学院大学ではアカデミックライティングセンターを開設しました。二〇一八年度、利用件数524件のうちレポート（日本語）の相談件数が311件で、6割を占めています。そのうち大学1年の相談が最も多く、レポートの課題の意味が分からない、課題に対して形式・型が適切か心配だ、何を、どのように書けばよいのか分からない、などのレポートの基本的な書き方への支援が、多いそうです。卒業論文の前段階であるレポートの作成で、学生はつまずいていることが分かります。

3　小学校国語の「書く」学習の課題

ここ数年、小学校国語科の「書くこと」の授業や、その後の研究協議会で講評する機会に恵まれました。先生方から次のような発言をよく聞きます。

(1)　子どもに自由に、のびのびと書かせたい
(2)　その子にしか書けない個性的な文章にさせたい
(3)　児童の思いを物語などで、たくさん創作させたい

また、中・高・大学生が必要なレポート（報告）を小学生から教えることの必要を伝えると、小学校の先生方は以下のように言います。

(1)　形式・型どおりに書かせるのは疑問である
(2)　書き上げた作品が同じような文章になるし、論理的文章以外の他の文章が書けなくなる
(3)　教科書に載っていない学習を教えていいのか（学習指導要領にも載っていないのではないか）

これらの問題点や疑問に答える一つの方策として、本書があります。全校児童が書けるようになった2校を紹介します。

●第二章● 小学生から「小論文」の書き方を教える

1 小学生が書く論理的文章とは科学論文の小学生版―「小論文」―

小学校国語教科書で「説明文・説明的文章」と示されている文章や、中学・高校で説明、紹介、広告、解説、記録、調査報告、論説、評論等と分類されている文章を、本書では「論理的文章」とよぶことにします。小学生が書く「論理的文章」とは、複数の具体的事例と考察で構成された、科学論文の形式を備えた文章のことととらえると、「書くこと」の学習の全体像が明確になります。

「小論文」を小さい論文と考えます。そして、「書くこと」の学習では小論文の書き方指導を中心に行います。小論文の書き方指導は児童の論理的思考力・表現力の養成を目指しています。

ここでいう小論文とは次の性質を備えた文章とします。

(1) 観察した二つの事実を記述した段落が二つある（「なか1」、「なか2」という）。
(2) 二つの事実に共通する性質を記述した段落がある（「まとめ」という）。
(3) 右の三つの段落の内容のあらましを紹介する段落がある（「はじめ」という）。

(4) 簡潔・明快な文体である（文学的文章とは表現・目的が異なる）。
本書では、全校児童が「小論文」を書くことができるようになった学校の報告が中心です。全児童が書くことができるとは、学級担任全員が、論理的文章の書き方を教える技術をもっているということです。この教え方は児童の論理的思考力・表現力が確実に向上し、今後の国語科授業で最も必要な授業技術であると確信しています。

2 小論文は科学論文の書き方指導書に学んだ

これからの小学国語科授業では、論理的文章を「書く」ために読むという指導が重要です。児童に書かせる論理的文章とは現実を対象にし、そこから筆者の考えを基に事実を複数取り出し、その事実から考察を導く過程を表現した文章のことです。このように規定すると、その書き方では科学論文の書き方が示唆を与えてくれます。小論文を自然科学論文の初歩ということができます。

高等学校国語科では文学的文章教材（「山月記」「こころ」「舞姫」など）の指導に多くの時間を割くため、大学ではアカデミックライティングセンターが次々に開設され、レポートや卒業論文、発表資料の作成の相談を受けつけています。科学論文の書き方の指導書は現在、かなりの数が出版されています。そのうちの数十冊を検討したところ、小学生が小論文を書くとき、学習の効果が期待できる項目を含んでいることが分かりました。

科学論文の代表的な書籍を検討した結果、初版の一九二九（昭和四）年の刊行以後、支持を得ている田中義麿・田中潔『科学論文の書き方』（裳華房、一九八三年）、『手ぎわよい科学論文の仕上げ方（付）初心者べからず集　第２版』（共立出版、一九九四年）が最も参考になりました。そのため、論理的文章の読み方・書き方に援用することとしました。「小論文」は科学論文の書き方指導書に学んでいます。科学論文を構成する「文章構成・段落とキーワード」という要素を、小学生の小論文の学習事項に活用しています。

(1) 文章構成

田中潔によれば、論文内容の分け方（章区分）として「最も一般的な見出しと順序」（『実用的な科学論文の書き方』前出、８頁）に次のようなものがあります。

①題名、②著者名、③緒言、④研究方法、⑤研究結果、⑥考察、⑦結論、⑧総括、⑨文献

これら論文内容の順序が論理的文章の書き方そのものになっています。

(2) 段落とキーワード

田中潔は「１パラグラフは一つの話題だけを含むもの」（前掲同書、48頁）とパラグラフの概念を規定しています。物事を正確に論理的に考えたり、表現したりするためには、思考の対象を周囲の雑多なものから切り離して、独立させる必要があります。独立させると、初めて固有の名称をつけることができます。この一つの話題を「キーワード」と呼びます。一つのキーワードと一つの述語を、一つの段落に一つ置くという原則が論理的文章の条件です。このことを小学校国語科授業で指導すること

は滅多にありません。それは国語教科書の論理的文章教材では読みやすさを優先させた短い形式段落が多用されて、一つの段落の中で一つの主要概念を指定できない文章が多いからです。

科学論文の書き方指導書で確認した「文章構成・段落とキーワード」という項目を、小学生の論理的文章の学習事項として、次のように設定しました。これらの項目は論理的文章を読む学習によって身につけることができます。

① 文章構成を確認する。
② 段落の役割や効果に気づく。
③ 段落からキーワードを取り出す。
④ 論理的思考の組み立て（複数の「なか」と「まとめ」の関係）を理解する。

3 論理的文章を「書く」ために「読む」

論理的文章を「書く」ためには、論理的文章を的確に読む力が必須です。「書く」ために「読む」という指導目標を設定すると、指導過程や学習の全体像が明確になります。本書では次のような「読む」学習の実践事例を示しています。

(1) 教科書の論理的文章教材を読む
(2) リライト教材を読む
(3) 児童の書いた小論文を読む

(1) 教科書の論理的文章教材を読む

国語教科書の論理的文章教材には、次のような課題があります。

①　最新の科学的情報が教材のため、それを教える学習が論理的文章の重要な指導と勘違いする。
②　学年が進むと、教材のテーマが抽象的になり、難語句の説明に時間を要す。
③　教材が長く、一目で全体像が把握しにくい。

文章構成が整い、段落の役割が明確で、段落ごとにキーワードを一つ適切に取り出すことのできる文章を、「書く」学習のお手本にできるとよいです。このような論理的文章教材は次の5編です。
「めだか」（教育出版、3年・令和二年度）
「こまを楽しむ」（光村図書、3年・令和二年度）
「くらしの中の和と洋」（東京書籍、4年・令和二年度）
「動物たちが教えてくれる海の中のくらし」（東京書籍、5年・令和二年度）
「メディアと人間社会」（光村図書、6年・令和二年度）
「書く」ために「読む」学習の主な発問は次の3点です。

（発問1）各段落の中に一つずつあるキーワードに傍線を引きなさい。〔段落・キーワード〕
（発問2）「はじめ・なか1・なか2・まとめ」に分けなさい。〔文章構成〕
（発問3）「なか」と「まとめ」はよく結びついていますか。〔論理的思考の組み立て〕

(2) リライト教材を読む

教材は長さによって内容の詳しさが変わってきます。10頁を超える教材が5・6年では掲載されていて、児童は全文を読み通すことに困難を感じています。論理的文章教材としては2頁程度でまとまっている短い文章が適しています。短い論理的文章教材であると、論理的文章の形式の概念を子どもが思い描きやすくなり、表現の仕方をよく理解できるからです。つまり、短くまとまった文章ほど子どもの学習効果が高いといえます。

教科書の論理的文章教材は学期に2~3教材です。これを補うために、子どもの小論文や教科書教材等を書き直したリライト教材で教えると指導の効果が一層はっきりと現れます。お手本となるリライト教材文には、次の三つの条件が必須です。

第一に、文章構成が整っている。

第二に、段落の役割が明確である。

第三に、段落ごとのキーワードを適切に取り出せる。

リライト教材文で教えると、論理的文章の学習事項である「文章構成・段落とキーワード」を重点的に指導することができます。子どもに論理的文章を読ませる意義の第一は、「解釈の仕方」を学ばせるのではなく、論理的な「考え方を教える」ことです。

リライト教材は次のような形式と要素をもちます。

はじめ	①(序論)	述べる対象のあらましを書く。	長さ10分の1
なか	②(本論)	具体的事例のいくつかを詳しく書く。	長さ10分の7

まとめ　③（考察）複数の具体的事例に共通する性質を述べる。長さ10分の1
むすび　④（結論）共通する性質の価値を、主張として述べる。長さ10分の1

(3) 児童の書いた小論文を読む

身近な題材であるほど、児童は教材文の書き方を真似することがよくあります。このような教材文として最も有効なのが児童が書いた小論文です。「Ⅱ」以降の作品を参照ください。

4 児童の小論文から文章構成「はじめ・なか1・なか2・まとめ」に気づく

児童の書いた小論文を教室で一斉音読します。児童は同年代が書いた小論文を繰り返し音読していくうちに、「はじめ・なか1・なか2・まとめ」（市毛勝雄『小論文の書き方指導』明治図書、二〇一〇年、16-17頁）という構成に自然と気づくのが理想です。そのために、教師は小論文学習が終わる度に、優れた児童作品を複数コピーし、保管しておきます。

音読する小論文は、同学年か下の学年の児童作品が望ましいといえます。上の学年の小論文や、高尚なテーマの文章より、児童は活用しやすいのです。児童に「こういう文章なら自分でも書けそうだ」と思わせることが指導のコツです。

「はじめ・なか1・なか2・まとめ」という文言は小学生用の学習用語で、幼稚だと思われる先生がいるかもしれません。論理的文章の背景には小学生には理解できない概念（例、敬体・常体）がたくさん使われているので、説明を始めるときりがなくなります。児童が高校生以上に成長したとき、論理的文章の背景に存在する概念にようやく気づき、論理的文章学習の意義が理解できます。こういうわけで、抽象的な言葉より簡単な言葉を使う方が論理的文章の概念を身につけることができます。

●第三章●　「小論文」の学習プラン

1　小論文学習の全体像

小論文学習の目標、計画（4時間扱い）、学習指導案、プリントを示します。小・中・高等学校共通です。

(1)　学習目標

①　小論文の文章構成を理解することができる。
②　各段落が固有の役割をもっていることを理解することができる。
③　各段落の役割に適した文章を書くことができる。

(2)　学習計画（4時間扱い）

第1時　1　「教材文1」を読み、小論文の書き方を知る。

第2時　2　「お手つだい」の構想をもち、「小論文書き方ワーク」の「キーワード表」を書く。
　　　3　「キーワード表」から一次原稿（「なか1・なか2・まとめ」）を書き、評価を受ける。
第3時　4　二次原稿（清書）を書く。
　　　5　二次原稿、一次原稿、小論文書き方ワークの3枚を綴じて、提出する。
第4時　6　小論文の音読（教師）を聞き、その評価を話し合う。
　　　7　それぞれの小論文が返却される。

(3) 学習指導案（37頁❶〜27頁⓫を参照）

25	4 「なか……まとめ」を読む	4 （上記と同様に、「なか」を８例程度、「まとめ」を５例程度、読む）	4 「なか」の例文が多いとよい。
30 35	5 感想を発表する	5 今日の小論文の評価の授業を含めて、小論文の勉強を受けた感想を発表しましょう。自分の意見なら、何を言ってもいいです。一人30秒くらい話しましょう。 5-2 こちらの席から、クラス全員に話してもらいます。Gさんから、どうぞ。Hさん……、Iさん……、Jさん……。（全員発表する） 5-3 上手く言えない人は、パスしていいです。全員の発言がすんでから、話してもらいます。 5-4 （全員の発言がすんだところで）みんなが自分の考えをしっかり言えました。これからも、自分の考えをしっかりまとめて話しましょうね。	5-2 教師は途中で口をはさまず、にこにこして、児童が安心して発表できるように配慮する。 5-3 不十分な発表は、補足して内容をまとめる。声の小さい児童の発表は、教師が大きい声で復唱する。そして、褒める。
40	6 小論文の返却	6 小論文を返します。……さん、……さん、……。	6 原稿を丁寧に返却する。
45	7 次時の予告	7 次の時間は、みんなの書いた上手な文章を聞いて、感想を話し合います。	

6 本時の授業評価

(1) 上手な文章を聞いて、挙手できたか。
- A 多くの児童が積極的に挙手していた。
- B 多くの児童が辺りの様子を気にしながら挙手していた。
- C 多くの児童が挙手していなかった。

(2) 授業について自分の意見を言えたか。
- A 多くの児童が、自分の意見を発表していた。
- B 一部の児童が、自分の意見を発表していた。
- C 多くの児童が、自分の意見を言えなかった。

7 板書計画

小論文《しょうろんぶん》 お手つだい

○ はじめ

なか

まとめ

第○学年　国語科学習指導案

○○県○○○立○○小学校
○○○○年○○月○○日（○）
授業者　　○○　○○

1　単 元 名　小論文「お手つだい」を書く

2　指導目標　(1)　小論文の文章構成を知る。
(2)　各段落が固有の役割をもっていることを知る。
(3)　各段落の役割に適した文章を書く。

3　教　　材　(1)　プリント教材「小論文の書き方」（教材文１）
(2)　プリント教材「どちらがじょうずかな」（教材文２）
(3)　プリント「小論文書き方ワーク」（原稿用紙、クリップ）

4　指導計画（全４時間）

第１時　(1)「教材文１」を読み、小論文の書き方を知る。
(2)「お手つだい」の構想をもち、「小論文書き方ワーク」の「キーワード表・まとめの表」を書く。

第２時　(1)「キーワード表・まとめの表」から一次原稿（「なか１・なか２・まとめ」）を書き、評価を受ける。

第３時　(1)　二次原稿（清書）を書く。
(2)　二次原稿、一次原稿、小論文書き方ワークの３枚を綴じて、提出する。

第４時　(1)　小論文の音読（教師）を聞き、その評価を話し合う。
(2)　それぞれの小論文が返却される。

5　第４時の指導展開

分	学習内容	指導（発問・指示）と評価	指導上の留意点
0	1　学習内容を知る 評価の授業	小論文《しょうろんぶん》　お手つだい　**（板書）** 1　これから小論文の評価の授業をします。「小論文の評価」とは、小論文の文章の上手、下手をはっきり区別して上手な文章が書ける勉強をすることです。	
5 10	2　教師が音読する	はじめ な　か まとめ　**（板書）** 2　みんなが書いた「お手つだい」という小論文を先生がこれから、読んでいきます。 最初は「はじめ」の段落の２行だけを読みます。これだけで上手い・下手が分かります。 2-2　上手い・下手の基準は何でしょう。みんながよく知っています。分かった人はいますか。そうです、「小論文を書くときの注意」がそれです。	2　教師が音読する（児童に音読させない）。その意義は次のとおりである。 ①筆者が分からないことで、児童は文章評価に集中できる。 ②教師が音読することで文章が公平に評価されている実感を味わう。 ③教師の上手な音読で、文章内容がよく理解できる。
15	3　「はじめ」を読む	3「はじめ」の文章から読みます。 3-2（第１例文（２行）を読む） 3-3　ハイ、これは上手ですか。上手だと思う人、手を挙げましょう。 （初めは、何を基準にしていいか、顔を見合わせるだけなど、戸惑う児童が多い） 3-4（かまわずに）ハイ、これはとても上手な文章です。理由は「小論文を書くときの注意」の(1)「である」を使って書いているからです。 3-5（第２例文（２行）を読む。以下、同様に「はじめ」を全部で５例程度読む）	3　板書の「はじめ」に○印をつける。 3-3　だれが書いたのですか、という質問には、「このクラスの人が書きました」と答える。 3-4　２、３人の手を挙げた児童を褒める。

6　本時の授業評価

(1)　クラス全員が、一次原稿から二次原稿を書き上げたか。

　A　クラス全員が、一次原稿から二次原稿を書き上げた。

　B　クラスの多くの児童が、一次原稿から二次原稿を書き上げた。

　C　クラスの一部の児童が、一次原稿から二次原稿を書き上げた。

(2)　クラス全員が、二次原稿を書き上げたか。

　A　クラス全員が、二次原稿を書き上げた。

　B　クラスの大部分の児童が、二次原稿を書き上げた。

　C　クラスの多くの児童が、二次原稿を書き上げることができなかった。

7　板書計画

小論文《しょうろんぶん》　お手つだい

○　小論文の書き方

4　小論文を書くときの注意

○　どちらがじょうずかな

○　一次原稿の文（児童の板書）

「なか1・なか2・まとめ」

①②③④⑤⑥⑦

○　二次原稿の文（児童の板書）

「なか」の文例

⑧⑨⑩⑪⑫⑬⑭⑮

○　原稿用紙の提出方法

―― ←　上　二次原稿

―― ←　中　一次原稿

―― ←　下　小論文書き方ワーク

ホチキスどめ

とじ方　場所　原稿用紙右上すみ

　　　　向き　＼

15	5 「どちらがじょうずかな」を読む	5 「どちらがじょうずかな」プリントを出しなさい。 5-2 読みましょう。「どちらがじょうずかな」ハイ。 5-3 ……イとロのどちらがじょうずかな。イだと思う人、手を挙げましょう。ロだと思う人、手を挙げましょう。ハイ、これはイが正解です。 5-4 （以下同様。理由を聞かないで進める。「まとめ」が終わったときに理由を言う） 「じょうずな理由」は全部「小論文を書くときの注意」に書いてあります。 5-5 この二つのプリントは５年、６年と毎年使います。今日も、書きながら繰り返し読みましょう。 〇 どちらがじょうずかな **（板書）**	5-5 一斉指導はここまである。以後は机間指導に専念する。
30	6 一次原稿、二次原稿を書く （提出方法を板書する）	6 二次原稿を書く人は「小論文を書くときの注意」と「どちらがじょうずかな」を参考にしましょう。 6-2 一次原稿を書いている人は、１行だけ書いたら手を挙げなさい。２行以上書くと間違ったとき直すのに苦労しますよ。	6-2 机間指導を続ける。この頃から教室が静かになる。
35	7 板書指導 板書添削 一次原稿、二次原稿、同時進行	7 Ｄさん、Ｅさん、黒板に一次原稿の文を書いて来なさい。 7-2 Ｆさん、Ｇさん、黒板に二次原稿の文章を書いて来なさい。 （机間指導の間に、板書添削を行う） 7-3 ③番さんはどうですか。（ゆっくり音読し、〇をつけ、傍線を引いてから）ここのところが詳しく書けています。よろしい。（と言って傍線に◎をつける）	7-2 一次原稿評価には〇印を記入するが、二次原稿は〇印をつけずに提出させる。 黒板を中央で区切り、丸数字で書く位置を示す。右側は一次原稿例、左側は二次原稿例を児童に書かせる。例文は無記名とする。 7-3 全員に指導する必要はない。困っている児童だけが注視すればよい。
40	8 提出方法	8 二次原稿を書いた人は綴じて提出しなさい。綴じ方は黒板に書いた通りです。 ＿＿＿＿＿ ← 上 二次原稿 ＿＿＿＿＿ ← 中 一次原稿 ＿＿＿＿＿ ← 下 小論文書き方ワーク ホチキスどめ とじ方 場所 原稿用紙右上すみ 向き ＼ **（板書）**	8 児童が提出するのを見守る。違った提出方法の児童には「違っているよ」と声をかける。手助けはしない。友人同士で教え合うのはよい。
	9 本時のまとめ	9 今日はみんなよくがんばりました。小論文をみんなが書き上げて提出しました。	
45	10 次時の予告	10 次の時間は、みんなの書いた上手な文章を聞いて、感想を話し合います。	

I

第三章 「小論文」の学習プラン

第○学年　国語科学習指導案

○○県○○○立○○小学校
○○○○年○○月○○日（○）
授業者　○○　○○

1　単 元 名　小論文「お手つだい」を書く

2　指導目標　(1)　小論文の文章構成を知る。
(2)　各段落が固有の役割をもっていることを知る。
(3)　各段落の役割に適した文章を書く。

3　教　　材　(1)　プリント教材「小論文の書き方」（教材文１）
(2)　プリント教材「どちらがじょうずかな」（教材文２）
(3)　プリント「小論文書き方ワーク」（原稿用紙、クリップ）

4　指導計画（全４時間）

第１時　(1)「教材文１」を読み、小論文の書き方を知る。
(2)「お手つだい」の構想をもち、「小論文書き方ワーク」の「キーワード表・まとめの表」を書く。

第２時　(1)「キーワード表・まとめの表」から一次原稿（「なか１・なか２・まとめ」）を書き、評価を受ける。

第３時　(1)　二次原稿（清書）を書く。
(2)　二次原稿、一次原稿、小論文書き方ワークの３枚を綴じて、提出する。

第４時　(1)　小論文の音読（教師）を聞き、その評価を話し合う。
(2)　それぞれの小論文が返却される。

5　第３時の指導展開

分	学習内容	指導（発問・指示）と評価	指導上の留意点
0	1　学習内容を知る	小論文《しょうろんぶん》　お手つだい　**（板書）** 1　小論文「お手つだい」を書く勉強をします。 1-2　声をそろえて（板書を）読みましょう。ハイ。	
	2　原稿等を返却	2　原稿を返します。……さん、……さん、……。	
5	3　学習目標を知る	3　今日は、二次原稿を書き上げて提出する日です。二次原稿は白紙でも名前だけ書いて提出します。	3「白紙でも」を強調する。
10	4「小論文を書くときの注意」の残りを読む 音読指導	4「小論文の書き方」プリントを出しなさい。 4-2「4　小論文を書くときの注意」の残りを勉強します。 4-3　(1)から、みんなで読みましょう。 「(1)　です、ますを……」ハイ。「……ヤ行」まで。（3分50秒） 4-4　(9)以下を読みます。 「(9)　まとめを書くとき……」～「(11)……よい題名になる」。（40秒） ○　小論文の書き方 4　小論文を書くときの注意　**（板書）**	4-3　すらすら一斉音読をする。 4-4　すらすら一斉音読をする。

6　本時の授業評価

(1)「キーワード表（ワーク）」の「まとめの表」を全員が完成したか。

A　全員が「まとめの表」を完成した。

B　半数の児童が「まとめの表」を完成した。

C　ほとんどの児童が「まとめの表」を完成しなかった。

(2)「まとめの表」から一次原稿を全員が完成したか。

A　全員が一次原稿を完成した。

B　半数の児童が一次原稿をを完成した。

C　ほとんどの児童が一次原稿を完成しなかった。

7　板書計画

小論文《しょうろんぶん》　お手つだい

1　キーワード表

ことがら1（単語）

ことがら2（単語）

ことがら3（単語）

2　まとめの表

ことがら2（単語）

ことがら3（単語）

まとめ　（単語）

← ○先生にマル一つをもらう

← 一次原稿用紙

3　一次原稿用紙

なか1（一文）

なか2（一文）

まとめ（一文）

← ○先生にマル三つをもらう

← 二次原稿用紙

		1 キーワード表 ことがら1（単語） ことがら2（単語） ことがら3（単語） 2 まとめの表 ことがら2（単語） ことがら3（単語） まとめ（単語） ↓ ○先生にマル一つをもらう ↓ 一次原稿用紙 3 一次原稿用紙 なか1（一文） なか2（一文） まとめ（一文） ↓ ○先生にマル三つをもらう ↓ 二次原稿用紙 **（板書）**	
30	5 「小論文の書き方」プリント 小論文を書くときの注意 音読指導	5 各段落の内容を詳しく書くための書き方を勉強します。「小論文の書き方」プリントを出しなさい。 5-2 「小論文を書くときの注意」に文章の詳しい書き方が書いてあります。 5-3 まず先生が読みます。「⑴ です・ますを使わず、であるを使う。楽しかったですのように幼稚な文になるから」。（8秒）こういうふうにすらすら読みます。 5-4 声をそろえてすらすら読みます。 「⑴ です・ますを使わず……」ハイ。（8秒） ハイ、上手です。 5-5 その調子で⑻・⑥まで読みましょう。「⑵ 慣用句を……」ハイ。（3分30秒） 5-6 ハイ、上手に読めました。この項目は6年生まで使います。 5-7 では、繰り返し読みながら、「なか1・なか2」を詳しく書きましょう。	5-4 必ず褒める。 5-5 1項目ずつ区切って一斉音読させる。
35	6 二次原稿を書く 板書添削	6 「キーワード表」を完成する人も、「なか1・なか2」を書く人もがんばりましょう。次の3時間目までに書き上げればいいのです。 6-2 （「なか」を一つ書いた児童に）これいいですね。黒板に書きましょう。 6-3 （児童の板書に黄チョークで大きく○をつけながら）みんなはこの文章を参考にして、自分の文章を考えましょう。	6-2 数人に板書させる。 6-3 児童の板書にみんな大きな黄色の○をつける。
40	7 本時のまとめ 3枚綴じる	7 みんなよくがんばりました。次の時間の終わりまでに書き上げましょう。 7-2 「なか」は2、3行書けば、後ろが空いていてもいいです。焦る必要はありません。 7-3 二次原稿用紙が上、一次原稿用紙が下、小論文書き方ワークを一番下にしてクリップで綴じましょう。その後、棚に置きます。	
45	8 次時の予告	8 次の時間は、二次原稿を書き上げて提出します。	

第○学年　国語科学習指導案

○○県○○○立○○小学校
○○○○年○○月○○日（○）
授業者　　○○　○○

1　単 元 名　小論文「お手つだい」を書く

2　指導目標　⑴　小論文の文章構成を知る。
⑵　各段落が固有の役割をもっていることを知る。
⑶　各段落の役割に適した文章を書く。

3　教　　材　⑴　プリント教材「小論文の書き方」（教材文１）
⑵　プリント教材「どちらがじょうずかな」（教材文２）
⑶　プリント「小論文書き方ワーク」（原稿用紙、クリップ）

4　指導計画（全４時間）

第１時　⑴「教材文１」を読み、小論文の書き方を知る。
⑵「お手つだい」の構想をもち、「小論文書き方ワーク」の「キーワード表・まとめの表」を書く。

第２時　⑴「キーワード表・まとめの表」から一次原稿（「なか１・なか２・まとめ」）を書き、評価を受ける。

第３時　⑴　二次原稿（清書）を書く。
⑵　二次原稿、一次原稿、小論文書き方ワークの３枚を綴じて、提出する。

第４時　⑴　小論文の音読（教師）を聞き、その評価を話し合う。
⑵　それぞれの小論文が返却される。

5　第２時の指導展開

分	学習内容	指導（発問・指示）と評価	指導上の留意点
0	1　学習内容を知る	小論文《しょうろんぶん》　お手つだい　**（板書）** 1　小論文「お手つだい」を書く勉強をします。 1-2　声をそろえて（板書を）読みましょう。ハイ。	1　小論文の授業の第１、２時は指導事項が多いので、忙しい。
	2　ワーク・原稿用紙を返却	2「小論文書き方ワーク」、原稿用紙を返します。……さん、……さん、……。	
5 10	3　キーワード表の記入 「まとめ」 「なか１・２」 机間指導 板書添削	3「小論文書き方ワーク」の「キーワード表」にお手伝いの語句を三つ以上書きましたか。 3-2「まとめの表」の「まとめ」には「楽しかった、大変だった」などの感想の語句を先に書きましょう。 3-3　次に「まとめ」に合う語句を選んで「なか１・なか２」に書きなさい。 3-4「まとめの表」ができた人は手を挙げなさい。先生が行って大きな○をつけます。 3-5　Ａさん、あなたの書いた「なか１・２、まとめ」の語句を黒板に書いてきなさい。Ｂさん、Ｃさん……。	3「書けました」の声を確認する。 3-4　児童を教卓の前に並ばせない。教室が騒がしくなるからである。
15 20 25	4　一次原稿を机上に出す 語句→文 「なか１・２」 「まとめ」	4　考え中の人もちょっとやめて、先生の話を聞きましょう。これからの勉強の話です。机の中から一次原稿を出しなさい。 4-2「まとめの表」の「なか１・なか２」の語句を原稿用紙の各段落の赤線の中に１行以内の文章にして書きます。 4-3「まとめ」も１行以内の文章で書きます。 4-4「なか１、なか２、まとめ」の文が各段落の赤線の中に３行とも書けたら、手を挙げなさい。 4-5　三つ○がついたら、新しい原稿用紙を渡します。二次原稿用紙といいます。 4-6　二次原稿用紙に赤線を３本引きなさい。 「はじめ」２行／「なか１」７行／「なか２」７行／「まとめ」２行。	4　大きな○が数人ついたころで話す。 4-2「２行以上書いてはいけません」と言ってもよい。 4-4　各段落の中は１行の文だけでよい。 4-6　行間の二重線内に赤線を引く。

6　本時の授業評価

(1)　小論文の段落・キーワードに関心をもったか。

A　多くの児童が「小論文の書き方」の「3　キーワード表」に積極的にキーワードを記入した。

B　少数の児童が「小論文の書き方」の「3　キーワード表」を記入していた。

C　多くの児童が「小論文の書き方」の「3　キーワード表」に関心を示さなかった。

(2)「小論文書き方ワーク」にキーワードを書くことができたか。

A　多くの児童が三つ以上のキーワードを記入した。

B　約半数の児童が三つ以上のキーワードを記入した。

C　大多数の児童がキーワードを記入できなかった。

7　板書計画

小論文《しょうろんぶん》　お手つだい
○　小論文の書き方
3　キーワード表
テーマ　夏休み
題名　お祭り
○　小論文書き方ワーク
下段　①～④　正しいのは？
上段　キーワード表
まとめの表
お手つだい
○なか１
なか２
まとめ
○なか１
なか２
まとめ
○なか１
なか２
まとめ

		の中のキーワードを書きます。 ①段落のキーワードは何ですか。みんなで言いましょう。「お祭り」ハイ、当たりです。書き込みましょう。 3　キーワード表 テーマ　夏休み 題名　お祭り　**(板書)**	
	お面 焼きそば 楽しかった	3-7　②段落のキーワードは何ですか。言いましょう。「お面」はい、当たりです。書き込みましょう。 3-8　(以下同様。③段落「焼きそば」、④段落「楽しかった」) 3-9　プリント「小論文の書き方」をしまいなさい。	3-7　記入させ、確認する。 3-8　記入させ、確認する。
20	4　プリント「小論文書き方ワーク」	小論文《しょうろんぶん》書き方ワーク　**(板書)** 4「小論文書き方ワーク」を配ります。 4-2　クラス、番号、氏名を書きましょう。 4-3　今日書く小論文のテーマは何ですか。「お手つだい」でしたね。 「小論文書き方ワーク」の上段にテーマを書く空き地があります。書きましょう。 下段　①～④　正しいのは？ 上段　キーワード表 まとめの表　**(板書)** 4-4　次に「キーワード表」にお手伝いしたことを書きます。お風呂洗いや、部屋掃除など、いろいろありますね。書きましょう。(5分間書かせる) 4-5　次の「まとめの表」を書くとき、考えることがあります。下の段の課題を読みます。ハイ。	4　この前後も、約束事が多い。 4-3　一斉音読させる。 4-4　机間指導をする。 4-5　①から④まで、続けて一斉音読させる。比較して考えた方が分かりやすい。
25		4-6　正しいのはどれですか。話し合いましょう。 4-7　①は正しいですか。丸です。 ②は「金魚をすくった」が×です。 ③は「三匹もとれた」が×です。 ④は丸です。	4-6　5分間くらい話し合わせる。 4-7　各問とも説明すると難しくなる。「当たり・外れ」で進めるのがよい。
30		4-8　これが「まとめの表」の書き方です。さあ、書きましょう。(10分程机間指導)	
35		4-9　ハイ、あなた、それを黒板に書いて来なさい。 4-10　ハイ、あなた。あなた。(5人程度板書させる) 4-11　(児童が書いた板書を音読して) みんな、上手に書けました。(「はじめ」は空白のままとする)	4-10　4、5人に板書させる。 4-11　黄色の○をつけて、教師が音読して、褒める。内容を修正するときは○をつけたまま修正する。
40	5　本時のまとめ	5　小論文の書き方の勉強をしました。「書き方ワーク」・原稿用紙に氏名を書き、クリップで綴じて出しなさい。	5　児童に綴じさせ、見守る。提出用紙は全て教師が預かる。
45	6　次時の予告	6　次の時間は小論文の文章を書きます。	

第三章　「小論文」の学習プラン

第○学年　国語科学習指導案

○○県○○○立○○小学校
○○○○年○○月○○日（○）
授業者　　○○　○○

1　単 元 名　小論文「お手つだい」を書く

2　指導目標　(1)　小論文の文章構成を知る。
(2)　各段落が固有の役割をもっていることを知る。
(3)　各段落の役割に適した文章を書く。

3　教　　材　(1)　プリント教材「小論文の書き方」（教材文１）
(2)　プリント教材「どちらがじょうずかな」（教材文２）
(3)　プリント「小論文書き方ワーク」（原稿用紙、クリップ）

4　指導計画（全４時間）

第１時　(1)「教材文１」を読み、小論文の書き方を知る。
(2)「お手つだい」の構想をもち、「小論文書き方ワーク」の「キーワード表・まとめの表」を書く。

第２時　(1)「キーワード表・まとめの表」から一次原稿（「なか１・なか２・まとめ」）を書き、評価を受ける。

第３時　(1)　二次原稿（清書）を書く。
(2)　二次原稿、一次原稿、小論文書き方ワークの３枚を綴じて、提出する。

第４時　(1)　小論文の音読（教師）を聞き、その評価を話し合う。
(2)　それぞれの小論文が返却される。

5　第１時の指導展開

分	学習内容	指導（発問・指示）と評価	指導上の留意点
0	1　学習内容を知る	小論文《しょうろんぶん》　お手つだい　　**（板書）** 1　小論文の授業「お手つだい」を書く勉強をします。 1-2　声をそろえて読みましょう。ハイ。	1　小論文の授業の第１、２時は指導事項が多いので、忙しい。
5	2　原稿用紙を知る	2（原稿用紙を配布する）原稿用紙の１行目は空けて、２行目に名前を書きます。 2-2　赤線を２行・７行・７行・２行の間に引きます。線を引いたら行数を確かめましょう。 2-3　上の空いている所に、初めの２行「はじめ」、次の７行「なか１」、次の７行「なか２」、次の２行「まとめ」と書きます。 2-4　でき上がったら、しまいましょう。	2　赤字で記入した原稿用紙を黒板に貼って説明する。 2-2　同上の用紙で説明する。 2-3「間違えたら代わりの用紙を渡します。」と言う。初めは学習事項が多い。
10	3　プリント教材「小論文の書き方」小論文の形式・段落を知る	小論文《しょうろんぶん》の書き方　　**（板書）** 3　プリント「小論文の書き方」を配ります。 3-2「１　文章形式」を見てください。この表はこう読みます。「１　文章形式、400字の小論文の例、段落の名前、役割、文字数、はじめ、全体のあらましを書く。２行、40字以内。」（40秒） 3-3　声をそろえて「１　文章形式」ハイ。（40秒） よく読めました。 こういう文章形式と段落をもった文章を小論文といいます。	3-2　すらすらと一斉音読をさせる。「１　文章形式」の表を読む。これが役に立つのは３時間目である。 3-3　一斉音読の後は必ず褒める。
15	キーワード表	3-4「２」は難しいので飛ばして、「３　キーワード表」を見なさい。ここを読みます。聞きましょう。「テーマ、夏休み……楽しかった。４、まとめ」（20秒） 3-5　声をそろえて「テーマ……」ハイ。（20秒） 3-6　キーワードの練習をします。上の欄が空いているキーワード表があります。その表の空いている欄に「お祭り」	3-5　必ず褒める。 3-6　記入させ、確認する。

(4) 教材1 「小論文の書き方」プリント（B4判に拡大印刷する）

小論文《しょうろんぶん》の書《か》き方《かた》

1 文章形式《ぶんしょうけいしき》（400字《じ》の小論文《しょうろんぶん》の例《れい》）

段落《だんらく》の名前《なまえ》		役《やく》割《わり》	文《も》字《じ》数《すう》
はじめ		全体《ぜんたい》のあらましを書《か》く。	2行《ぎょう》（40字《じ》）以内《いない》。
なか	1	一《ひと》つの具体例《ぐたいれい》を詳《くわ》しく書《か》く。感《かん》想《そう》・意見《いけん》は書《か》かない。	7行《ぎょう》（140字《じ》）以内《いない》。
	2	「なか1」とは別《べつ》の具体例《ぐたいれい》を一《ひと》つ書《か》く。感想《かんそう》・意見《いけん》は書《か》かない。	7行《ぎょう》（140字《じ》）以内《いない》。
まとめ		「1」と「2」とに共通《きょうつう》する感《かん》想《そう》・意見《いけん》を書《か》く。	2行《ぎょう》（40字《じ》）以内《いない》。
むすび		「まとめ」が全《すべ》ての人《ひと》に当《あ》てはまるという主張《しゅちょう》を書《か》く。	2行《ぎょう》（40字《じ》）以内《いない》。（論説《ろんせつ》・高校《こうこう》から）

2 論理的文章《ろんりてきぶんしょう》の種類《しゅるい》

(1) 記録《きろく》　事柄《ことがら》を時間通《じかんどお》りに書《か》いた文章《ぶんしょう》。「なか1・なか2・なか3……」。（日記《にっき》・観察記録《かんさつきろく》・実験記録《じっけんきろく》）

(2) 報告《ほうこく》　新《あたら》しい事柄《ことがら》の発見《はっけん》を詳《くわ》しく書《か》いた文章《ぶんしょう》。発見《はっけん》したことを発表《はっぴょう》すること。自然科学《しぜんかがく》の論文《ろんぶん》は全《すべ》てこの報告《ほうこく》である。報《ほう》告《こく》の文章《ぶんしょう》は決《き》められた形式《けいしき》「はじめ・なか1・なか2・なか3・……まとめ」で書《か》かれる。
（「なか」は文章《ぶんしょう》、写真《しゃしん》、統計等《とうけいとう》）。（リポート。自然科学専《しぜんかがくせん》門誌《もんし》はリポートで形成《けいせい》されている。現象《げんしょう》・事実新発見《じじつしんはっけん》の報《ほう》告《こく》は、多数《たすう》の追試《ついし》による確認《かくにん》を受《う》けて「事実《じじつ》」として認定《にんてい》される）

(3) 論説《ろんせつ》　多《おお》くの記録《きろく》・報告《ほうこく》を基《もと》にして、最後《さいご》に「主張《しゅちょう》」（むすび）を述《の》べた文章《ぶんしょう》。経済学《けいざいがく》・教育学《きょういくがく》・社会学等《しゃかいがくとう》の論文《ろんぶん》、新聞社《しんぶんしゃ》説《せつ》・月刊雑誌《げっかんざっし》（文藝春秋《ぶんげいしゅんじゅう》・中央公論等《ちゅうおうこうろんとう》）の論文《ろんぶん》など。（高校《こうこう》生《せい》から書《か》く学習《がくしゅう》がある）

(4) 説明《せつめい》　新《あたら》しいこと・もの、珍《めずら》しいこと・ものの性質《せいしつ》・性能《せいのう》などを分《わ》かりやすく書《か》いた文章《ぶんしょう》。ゲーム機《き》・携帯電話《けいたいでんわ》の「取《と》り扱《あつか》い説明書《せつめいしょ》」など（プレセンテーションともいう）。「はじめ・なか1・なか2・なか3・……まとめ」の形式《けいしき》によって述《の》べる。

3 キーワード表《ひょう》

テーマ　夏休《なつやす》み
題名《だいめい》　お祭《まつ》り　（テーマと区別《くべつ》する）
　お祭《まつ》り　（題名《だいめい》）
お祭《まつ》りに行《い》った。　①　（はじめ）
お面《めん》を買《か》った。　②　（なか1）
焼《や》きそばを食《た》べた。　③　（なか2）
楽《たの》しかった。　④　（まとめ）

キーワード表《ひょう》（この表の（　　）の中《なか》に言葉《ことば》を入《い》れましょう）

キーワード	段落《だんらく》	文章構成《ぶんしょうこうせい》
（　　　）	①	はじめ
（　　　）	②	なか1
（　　　）	③	なか2
（　　　）	④	まとめ

4 小論文《しょうろんぶん》を書《か》くときの注意《ちゅうい》

(1) 「です、ます」を使《つか》わず、「である」を使《つか》う。
（「楽《たの》しかったです。」のように幼稚《ようち》な文《ぶん》になるから）

(2) 慣用句《かんようく》を使《つか》わない。（文章《ぶんしょう》の個性《こせい》がなくなるから）
×テストは楽勝《らくしょう》だった。→○テストはやさしかった。

(3) 「……ない。」という否定表現《ひていひょうげん》は文章内容《ぶんしょうないよう》をあいまいにする。肯《こう》定表現《ていひょうげん》で書《か》く。
×賛成《さんせい》ではない。→○反対《はんたい》だ。

(4) 「……して、そして、それから」を使《つか》いすぎない。
（中心《ちゅうしん》が分《わ》かりにくい文章《ぶんしょう》になる）
×朝起《あさお》きて、そしてご飯《はん》を食《た》べて、かばんを持《も》って……。

(5) 「、」は意味《いみ》の切《き》れ目《め》に一文《いちぶん》に一か所《しょ》だけ、打《う》つ。
×うんこの場所《ばしょ》で食事《しょくじ》にしよう。
→○うん、この場所《ばしょ》で食事《しょくじ》にしよう。

(6) 名詞《めいし》で文《ぶん》を切《き》るのは詩《し》の書《か》き方《かた》で、意味《いみ》があいまいになるから、小論文《しょうろんぶん》では使《つか》わない。
×わたしの好《す》きな花《はな》、ばら。→○わたしはばらの花《はな》が好《す》きだ。

(7) 「はじめ」には感想《かんそう》・意見《いけん》は書《か》かない。
（感想《かんそう》・意見《いけん》は「まとめ」に書《か》く）
×四月十日《しがつとおか》に行《い》った山中公園《やまなかこうえん》はとても楽《たの》しかった。
→○四月十日《しがつとおか》に山中公園《やまなかこうえん》に行《い》った。

(8) 「なか1・なか2」を詳《くわ》しく書《か》く主《おも》な技術《ぎじゅつ》は次《つぎ》のとおりである。
① 地名《ちめい》、人名《じんめい》、交通機関名《こうつうきかんめい》、月日《つきひ》、時刻《じこく》、品名《ひんめい》、値段《ねだん》、個数《こすう》などを書《か》く。
×ある日《ひ》の午後《ごご》、町《まち》で友人《ゆうじん》に会《あ》った。
→○十日午後三時《とおかごごさんじ》ごろ、山川書店《やまかわしょてん》で吉野《よしの》さんに会《あ》った。
② 会話《かいわ》の文《ぶん》は、小論文《しょうろんぶん》では改行《かいぎょう》しないで続《つづ》けて書《か》く。
○母《かあ》さんが「今日《きょう》は遅《おそ》くなるわ。」と言《い》った。わたしは「夕食《ゆうしょく》の支《し》度《たく》をしておく。」と答《こた》えた。
③ 場面《ばめん》の中心《ちゅうしん》を決《き》めて、中心《ちゅうしん》を詳《くわ》しく書《か》く。
×朝起《あさお》きて、顔《かお》を洗《あら》って、ご飯《はん》を食《た》べて……。
→○朝六時《あさろくじ》に食事《しょくじ》の支度《したく》を始《はじ》める。お皿四枚《さらまい》にパン……。
④ 「なか1」の内容《ないよう》と「なか2」の内容《ないよう》が、時間《じかん》は離《はな》れているが事柄《ことがら》が一続《ひとつづ》きの例《れい》は、一《ひと》つの例《れい》とみなされる。事柄《ことがら》の違《ちが》う二《ふた》つの例《れい》が必要《ひつよう》である。
⑤ 「なか」は、事柄《ことがら》だけを詳《くわ》しく書《か》き、感想《かんそう》・意見《いけん》を書《か》かない。
×おかずの準備《じゅんび》はとても面倒《めんどう》だ。なぜかというと……。
→○おかずの準備《じゅんび》は、みそ汁《しる》の実《み》を洗《あら》うことから始《はじ》める……。
⑥ 小論文《しょうろんぶん》に友人《ゆうじん》の名《な》が出《で》るときは、仮名《かめい》を使《つか》う。次《つぎ》のようにすると便利《べんり》である。
女子《じょし》……青山《あおやま》さん、上田《うえだ》さん、大井《おおい》さん、（ア行《ぎょう》）
男子《だんし》……山川《やまかわ》さん、湯川《ゆかわ》さん、吉田《よしだ》さん、（ヤ行《ぎょう》）

(9) 「まとめ」を書《か》くとき、いくつかの「なか（具体例《ぐたいれい》）」の中《なか》から「まとめ」の観点《かんてん》にぴったりな例《れい》を選《えら》び直《なお》すと、一貫性《いっかんせい》のある文章《ぶんしょう》になる。

(10) 小論文《しょうろんぶん》を書《か》く順序《じゅんじょ》としては、「なか2」→「なか1」→「まとめ」→「はじめ」の順《じゅん》に書《か》くと書《か》きやすい。

(11) 「題名《だいめい》」は文章全部《ぶんしょうぜんぶ》を書《か》いてから決《き》める。「まとめ」のキーワードから選《えら》ぶと、よい題名《だいめい》になる。

(12) 「むすび」（主張《しゅちょう》）は、「まとめ」（個人《こじん》の感想《かんそう》・意見《いけん》）が「多《おお》くの人《ひと》に共通《きょうつう》すること」（一般化《いっぱんか》）を述《の》べる。（高校以上《こうこういじょう》）
（まとめ）　母《かあ》さんがいなくて心細《こころぼそ》かった。（感想《かんそう》）
　↓
（むすび）　家族《かぞく》の大切《たいせつ》さが分《わ》かった。（一般化《いっぱんか》）

(5) 教材2 **小論文書き方ワーク**（A4判に拡大印刷する）

小論文書き方ワーク

テーマ	

年	組	番	

キーワード表

まとめの表

なか1	
なか2	
まとめ	

①
お祭《まつ》りに行《い》った。
お面《めん》を買《か》った。
綿《わた》あめを食《た》べた。
楽《たの》しかった。

②
お祭《まつ》りに行《い》った。
金魚《きんぎょ》をすくった。
お金《かね》を落《お》とした。
悲《かな》しかった。

③
お祭《まつ》りに行《い》った。
焼《や》きそばを食《た》べた。
金魚《きんぎょ》をすくった。
三匹《さんびき》もとれた。

④
お祭《まつ》りに行《い》った。
綿《わた》あめを食《た》べた。
焼《や》き鳥《とり》を食《た》べた。
おいしかった。

(6)　教材3　「どちらがじょうずかな」プリント（2頁分をB4判に拡大印刷する）

課題《かだい》　「小論文《しょうろんぶん》の書《か》き方《かた》」を読《よ》んで、次《つぎ》の二《ふた》つ一組《ひとくみ》の例文《れいぶん》のうち、じょうずな方《ほう》の記号《きごう》を○で囲《かこ》みなさい。文《ぶん》の長《なが》さは関係《かんけい》ありません。（「小論文《しょうろんぶん》の書《か》き方《かた》」を参考《さんこう》にしなさい。）

「はじめ」

イ　ねこのミーコはわたしの友達《ともだち》である。

ロ　わたしのとっても大切《たいせつ》な友達《ともだち》は、ねこのミーコ。

＊

ハ　きのう、おむすび山《やま》に遠足《えんそく》に行《い》ってとても楽《たの》しかった。

ニ　きのう、おむすび山《やま》に遠足《えんそく》に行《い》った。

「なか」

ホ　「しょうがいぶつ」のあみくぐりでは伊藤《いとう》さんの後《あと》から入《はい》ったが、出《で》たときは先《さき》になって二着《にちゃく》になった。運動会《うんどうかい》で二着《にちゃく》になったのは初《はじ》めてだった。

ヌ　お祭《まつ》りに出《で》かけるときは近所《きんじょ》のみんなと出《で》かける。神社《じんじゃ》の境内《けいだい》の入口《いりぐち》に、わたあめ屋《や》がある。甘《あま》いがすぐに口《くち》の中《なか》で消《き》えるから食《た》べない。次《つぎ》の店《みせ》はソース焼《や》きそばで、ようじで食《た》べるこの焼《や》きそばは、キャベツは少《すこ》し固《かた》いが最高《さいこう》にうまい。

「まとめ」

ル　運動会《うんどうかい》はおもしろいこともあったが、失敗《しっぱい》したこともあって、まあまあだった。

ヲ　運動会《うんどうかい》は騎馬戦《きばせん》と二百《にひゃく》リレーは成功《せいこう》したが、綱引《つなひ》きと百《ひゃく》メートルでは失敗《しっぱい》した。

＊

ワ　おむすび山《やま》では疲《つか》れたが、疲《つか》れなかったらいい思《おも》い出《で》はできなかったと思《おも》う。

カ　おむすび山《やま》では疲《つか》れたが、皆《みな》に助《たす》けてもらったのが、うれしい思《おも》い出《で》になった。

ヘ 「しょうがいぶつ」とリレーと「きばせん」とつなひきと、全部《ぜんぶ》で四《よっ》つに出《で》たがまあまあだった。

*

ト 大《おお》きな沼《ぬま》があった。ボートが三《みっ》つ浮《う》かんでいた。茶店《ちゃみせ》があった。遊園地《ゆうえんち》があった。たくさんの人《ひと》が散歩《さんぽ》していた。テント村《むら》のところどころで煙《けむり》が上《あ》がっていた。

チ 大《おお》きな沼《ぬま》にはボートが三《みっ》つ浮《う》かんでいた。沼《ぬま》の周《まわ》りのテント村《むら》で散歩《さんぽ》している人《ひと》が多《おお》かった。ところどころで炊事《すいじ》の煙《けむり》が上《あ》がっていた。そばに茶《ちゃ》店《みせ》や遊園地《ゆうえんち》が見《み》えた。

*

リ お祭《まつ》りに出《で》かけるときは、おとぎの国《くに》に出《で》かけるようにうれしいような心配《しんぱい》なような、ふしぎな気持《きも》ちになる。神社《じんじゃ》の境内《けいだい》に並《なら》んでいる夜店《よみせ》はみんなよく知《し》っている店《みせ》ばかりなのに、一軒一軒《いっけんいっけん》、売《う》っているものを確《たし》かめないと先《さき》に進《すす》めない。

「むすび」

ヨ この運動会《うんどうかい》では、みんなでがんばろうと話《はな》し合《あ》ったことが、とても楽《たの》しく、うれしかった。

タ この運動会《うんどうかい》では、みんなでがんばろうと話《はな》し合《あ》ったことが、クラスの団結《だんけつ》のきっかけになった。

*

レ この登山《とざん》の思《おも》い出《で》は、林《はやし》の中《なか》で点線《てんせん》となって走《はし》り回《まわ》った雷《かみなり》の電光《でんこう》だ。皆《みな》は恐怖《きょうふ》で林《はやし》の中《なか》でひと塊《かたまり》になって動《うご》けなかった。

ソ この登山《とざん》の思《おも》い出《で》は、林《はやし》の中《なか》で私《わたし》たちの足下《あしもと》に雷《かみなり》が本当《ほんとう》に落《お》ちたことである。その恐《おそ》ろしさは最高《さいこう》だった。

解答（※括弧内の数字は「小論文の書き方」の「4　小論文を書くときの注意」の番号である。
解答は児童には配布しない）

はじめ　**イ**（ロは(6)、(7)の違反）・**ニ**（ハは(7)の違反）

な　か　**ホ**（へは(8)・①③⑤の違反）・**チ**（トは(8)・③違反）

ヌ（リは(8)・①⑤の違反）

まとめ　**ヲ**（ルは(8)・①⑤の違反）・**カ**（ワは(3)の違反）

むすび　**タ**（ヨは気持ちの文だけで一般化の文なし）・

レ（ソは気持ちの文だけで描写の文なし）

●第四章● 「書くこと」の授業にまつわるQ&A

1　物語に対する児童の思いをたくさん書かせたいのに、なかなか書くことができません。

「スイミー」「モチモチの木」「一つの花」「ごんぎつね」「大造じいさんとガン」などの物語を学習した後、子どもの感想をたくさん聞きたいものです。大人である私たちはこれらの物語のテーマに共感し、作品の背景や意味、人物に託されたメッセージ等について、人生経験に基づき豊かに語ることができます。

十歳前後の子どもの多くは、感動を適切に表現することが思うようにいきません。十年前後の生活経験で児童文学とはいえ完成した作品の背景や意味、メッセージなどを理解し、書くことは困難です。

これまで十数時間かけていた物語の学習は4時間程度にし、後の数時間は先生の読み聞かせや、関連図書の読書の時間に充ててください。そして、物語の学習の最後に子どもに一人30秒程度、感想を発表させましょう。感想文や発表メモを書かないで、子どもの素朴で断片的な感想を真摯に聞いてください。丁寧に教えたにもかかわらず、登場人物の心情を読み違えた感想があったとき、それは先生の教え方に課題があります。子どもの感想とは、教師の授業に対する評価です。子どもの発表を黙って頷きながら、笑顔で聞きましょう。

2 「書くこと」に形式・型があるのはどうしてですか？

論理的文章のうち自然科学の論文は、次のような一定の形式で書かれています。

(1) 題名（「結論」の紹介）
(2) 緒言（論文の概略・要点）
(3) 研究方法（実験・調査等の具体的内容）
(4) 結果（実験・調査結果の整理）
(5) 考察（実験・調査結果の解釈）
(6) 結論

「(4) 結果」から「(5) 考察」の関係を論理的文章の形式に応用して、組み立てると、「複数の具体的事例（「なか1・なか2・……」）から複数の具体的事例に共通する性質を一つ記述する（「まとめ」）」という形式になり、初歩的な推論を示します。

日本では江戸時代まで物語（「はじめ・なか・おわり」）・詩（短歌、五・七・五・七・七）等、形式が決まっていました。明治以降、西欧社会から小説が輸入されると、形式も個性の表現とみなして定型を嫌い、形式自体も創作するようになりました。

3　書き上げた作品が同じような文章でいいのでしょうか？

小論文のテーマが運動会や遠足、学芸会、社会科見学、修学旅行など学級で共有した体験であると、確かに同じような児童作品ができ上がります。「はじめ・なか１・なか２・まとめ」という文章構成で書くと、一層同じような作品になります。先生方としては、読んでいておもしろくありませんね。しかしながら同じような作品でいいのです。

さらにいうと、「はじめ」と「まとめ」は先生が決めてください。テーマが「お手伝い」のとき、「夏休みに二つの手伝いをした」という文を黒板に書き、「『はじめ』は全員この文です」と教えます。文章の書き始めは特に難しいので、教師が示します。

「まとめ」は「『お手伝いは楽しかった』か、『大変だった』かのどちらかを書きます」と、これも教えます。同じ文を書いていいと言うと、子どもの何人かは「先生、自分で文を作ってもいいですか」と聞いてきます。そのとき、「自分の言葉で書くことができて、素晴らしいです」と褒めることができます。

個性は「なか」の書き方に表れます。場面の中心を決めて、中心を詳しく書きます。緻密な考え方ができる子どもは詳しい文章を書きます。大雑把に考える子どもは粗い文章になります。

4　論理的文章以外の他の文章が書けなくなるのではありませんか？

論理的文章の仲間（下位概念）に「記録・報告・論説・説明」があります。それぞれ、次のような文章を指しています。

「記録」……日記、学級日誌、動植物の観察日記、実験記録、読書記録、成長記録
「報告」……調査報告、活動報告、行事の報告、体験記
「論説」……意見文、提案する文章、反論の文章、読書感想文
「説明」……料理の作り方、掃除の仕方、道順の説明、行事の案内、読書紹介

このように考えると、論理的文章は学校生活で書くほとんどの文章を含んでいることになります。

さて、戦後から今日まで、作文というと生活作文が大部分でした。ありのままの事実をありのままに素直に書くことを大切にした指導です。生活作文では文学的表現に価値を求め、生活の実感を率直に述べ、感動的で非日常の内容が重視されました。日常生活での言葉を正確かつ的確に表現する力の育成を目指してはいませんでした。生活作文は個人的な体験に由来する心情作文に終始し、狭く限定しているという批判がありました。

本書では、これからの学校生活で論理的文章を中心に指導を行うことをすすめています。

5　原稿用紙1枚ではなくて長く書かせたいのに、鉛筆が止まってしまいます。

文章構成が整い、段落が複数あり、言いたいことが分かる文章を書く学習が重要です。小学生は原稿用紙1枚、400字以内に前の文のような文章が書くことができれば十分といえます。中・高校生も同様で、国語科授業では原稿用紙1枚でいいと考えています。

子どもが「2枚、3枚と長く書きたい」と言ってきたら、1枚の小論文を書き上げた後に、書かせてください。「なか」を7行、一つの事柄で詳しく書く活動は意外と大変です。先生方も一度、書いてみるといいです。「そして、それから……」と、思いついた順に書く方が楽です。

教室には原稿用紙1枚でも鉛筆が止まっている子どもがいます。考えてはいるようですが、何を書いていいのか分からない、言葉が浮かばない、経験と合う言葉が見つからない場合などがあります。そのときに効果的な学習が板書添削です。書き上がった子ども数名に「なか」を黒板に書かせましょう。教師は黄チョークで大きい丸をつけた後、傍線を引いて「ここが詳しくて、よい書き方です」と言い、二重丸をつけてください。教師は「黒板に書いてある文章をまねしていいですよ」と言います。困っている子どもは書き写します。それでも鉛筆が止まっている子どもには教師が手伝いの様子を聞いて、「『部屋の掃除は机の整理から始める』と書きましょう」と、具体的な文章を伝えます。

6 自由に、個性的に書かせたいのですが、どうしたらいいですか？

自由に、個性的に書かせたい場合、授業ではなく、クラブ活動や放課後の学習会などで書くことをおすすめします。

論理的文章には構成があり、それは形式・型とよばれることがあります。「はじめ・なか・まとめ・むすび」（序論・本論・考察・結論）という構成があるから、相手に分かりやすく正確に伝えることができます。それに対し、文学作品（物語、小説、詩、短歌、俳句など）では形式は自由で、個性的な表現を尊重します。論理的文章と文学的文章では書く目的や、目指す文章観が異なります。

さて、国語科授業で文学作品、例えば詩を創作した場合、評価はどうしますか。先生方は児童詩を客観的な基準で判断できますか。児童の作品とはいえ、詩は芸術作品です。それを評価し、適切な支援や指導を行うことはできないと思います。子どものキラッと光る表現について的確な言葉で評することを、子どもも望んでいないでしょう。「よく書けましたね」「作品に丁寧に取り組みました」と、子どもの学習活動を評価することはできます。自由で個性的な文章の指導とは、学校教育の範囲を超えているということです。

7 教科書に載っていない学習を教えていいのですか？ 学習指導要領にも載っていないのではありませんか？

学習指導要領国語第5学年及び第6学年の「書くこと」の指導事項イは「筋道の通った文章となるように、文章全体の構成や展開を考えること」と示されています。同学年の言語活動例アでは「事象を説明したり意見を述べたりするなど、考えたことや伝えたいことを書く活動」とあります。このように国語の指導事項や言語活動例は学習内容の大枠が書かれ、単元や教材を指定していません。

それに対し、他教科の指導事項の書き方は国語と違います。第5学年の算数「数と計算」(5)イ(ア)をみると、「分数の意味や表現に着目し、計算の仕方を考えること」と示され、思考の対象が明確です。学習指導要領に基づいて国語教科書が編纂されるため、各教科書会社で国語の単元を作成し、扱う教材を決めます。国語教科書によって教材が異なるのはそのためです。国語科授業では多様な学習活動が存在します。

国語教科書の「書くこと」の単元や教材は一斉音読をし、その後、部分的あるいは全部を小論文の学習に差し替えてみてください。国語教科書に載っていない学習を設定することができます。教科書の「書くこと」の単元は言語活動の一例とお考えください。

資料編　コピーしてそのまま使える！　論理のドリル

小学生が論理的文章を的確に書くためのドリルを作りました。コピーしてそのまま使える論理のドリルとして、14種類載せます。論理的文章を書くには、多くの規則が存在します。その規則は説明より例文で考えた方が効果的です。これらのドリルは論理的文章を構想する前や記述中、推敲の前などで使うことができます。対象学年は目安とお考えください。

1　基礎
2　段落
3　一段落一事項
4　名前のつけ方
5　具体と抽象
6　キーワード
7　論理的思考の組み立て方
8　事実か意見か
9　「なか」の書き方
10　「まとめ」の書き方
11　「むすび」の書き方
12　「はじめ」の書き方、題名のつけ方
13　図・表・グラフの読み方
14　論理的文章の文体

1　基礎　1・2年

とい１　一番大きいのは、どれですか。

すいかは、トマトより大きい。
トマトは、くりより大きい。

〔こたえ〕
一番大きいのは、（　　　　　）です。

とい２　一番せが高いのは、だれですか。

みっちゃんは、えりちゃんよりせが高い。
えりちゃんは、よっちゃんよりせが高い。

〔こたえ〕
一番せが高いのは、（　　　　　）です。

とい３　一番走るのがはやいのは、だれですか。

さとしくんは、てつやくんよりおそい。
けいいちくんは、さとしくんよりおそい。

〔こたえ〕
いちばんはやいのは、（　　　　　）です。

【ねらい】　三つの事物や対象を比べて、順序よく並べるようにする課題である。

【解答】　１　すいか
２　みっちゃん
３　てつやくん

1　基礎　3・4年

問1　一番大きいのは、どれですか。

ねこの「たま」は、「ぶち」より小さい。
「ぶち」は、「しろ」より小さい。
「くろ」は、「たま」より小さい。

答え（　　　　）

問2　一番せが高いのは、だれですか。

ひとみさんは、えりこさんよりせが低い。
よしおさんは、えりこさんよりせが高い。
きみよさんは、ひとみさんよりせが低い。

答え（　　　　）

問3　一番軽いのは、どれですか。

このぶたは、あの鳥より重い。
このぶたは、あの牛より軽い。
このひつじは、あの鳥より重い。

答え（　　　　）

【ねらい】　複数の事物や対象を比べて、順序よく並べるようにする課題である。低学年より条件が多い。

【解答】

1　しろ
2　よしおさん
3　鳥

1　基礎　5・6年

問1　一番先に着いたのは、だれですか。

大山さんは、佐久間さんよりおそく着いた。
木田さんは、佐久間さんより早く着いた。
木村さんは、大山さんよりおそく着いた。

答え（　　　　　）

問2　一番背が低いのは、だれですか。

ようこさんは、みなさんより背が低い。
きよこさんは、ようこさんより背が低い。
きよこさんは、ひとみさんより背が低い。

答え（　　　　　）

問3　広い順に並べなさい。

東京都は埼玉県よりせまい。
埼玉県は千葉県よりせまい。
北海道は日本で一番広い。

答え（　　―　　―　　―　　）

【ねらい】　四つ以上の事物や対象を比較して、順序よく列挙する課題である。問3は順序正しく全てを書くことが難しい。

【解答】　1　木田さん
2　きよこさん
3　北海道―千葉県―埼玉県―東京都

2　段落　1・2年

とい1　つぎの文しょうをいみの切れ目で、二つに分けて、／のしるしをつけなさい。

(1)　海には、人がいっぱいいました。およいでいる人や、ひやけをしている人がいました。山にも人がいっぱいいました。つえをついてのぼっている人や、木かげで休んでいる人がいました。

(2)　朝顔の花が三つさきました。一つは赤で、あとの二つはむらさき色でした。ひまわりの花もさきました。黄色の花びらのひまわりと、オレンジ色の花びらのひまわりがありました。

とい2　気もちと、理ゆうのきれ目で分けなさい。

(1)　わたしはみかんが大すきです。どうしてかというと、あまくておいしいからです。オレンジ色もすきな色だからです。

(2)　今どのお楽しみ会は、ドッジボールがよいと思います。ドッジボールは、みんなで一しょにあそべるからです。そして、とても楽しいからです。

【ねらい】　三文か四文を二つに分ける問題である。段落の役割を理解すると分けられる。

【解答】

1　(1)　……人がいました。／山にも人がいっぱいいました。

(2)　……色でした。／ひまわりの花も

2　(1)　……大すきです。／どうしてかというと

(2)　……ドッジボールがよいと思います。／ドッジボールは、

２　段落　３・４年

問　次の文章を意味の切れ目で二つの段落に分け、／の印をつけなさい。

１　風ろそうじをした。初めに、スポンジに洗ざいをピュッとかけた。スポンジをよくもむと、あわが出てきた。ゆぶねの中をゴシゴシこすった。よごれがついているところは、ざらざらしていた。水をかけながら、手でこすってあわを落とした。つるつるになった。たまご焼きを作った。ボウルにたまごを二つわって、カラザを取った。さいばしで、よくかきまぜた。フライパンを温めてから、たまごをゆっくり流し入れた。はじめは中火で、焼けてきたら弱火にした。向こうがわから、さいばしでくるくると、まるめた。

２　給食当番の仕事は、給食をみんなに安全に配ることだ。最初に配ぜん台を水ぶきする。そのあと、なべや食器を配ぜん台の上にならべる。食器は配る物によって大きさや深さがちがっている。ご飯は中ボウル、サラダは小ボウル、スープは深皿だ。こぼさないように気をつけて配る。日直の仕事は、朝の会や帰りの会の司会をしたり、毎時間の黒板を消したりする仕事だ。司会は、書いてあるカードの順番に行う。先生からの連らくで終わりだ。黒板は、白いところがなくなるように何度も消す。黒板消しの角のところを立ててこすると、うまく消える。

【ねらい】　一段落に一つの事柄を書くことの理解がねらいである。複数の「なか」を書くときに活用できる。

【解答】

１　……つるつるになった。／たまご焼きを作った。

２　……気をつけて配る。／日直の仕事は、

2 段落 5・6年

問（　）内の指示で、二つの段落に分け、／の印をつけなさい。

1（種類）

セイヨウタンポポは、一九〇〇年頃日本に渡ってきて根づいたといわれている。北海道が始まりのようだ。今では、種が人の靴に付着したり、荷物と一緒に運ばれたりして日本国中で見られるようになった。今では少なくなってしまったが、日本古来から咲いているタンポポもある。ニホンタンポポといわれている。ニホンタンポポは、各地方で種類があるので、何種類にも分かれる。

2（比較）

都会の暮らしのよいところは、買い物が便利、病院がたくさんある、学校が多い、福祉《ふくし》が整っているなどが挙げられる。悪いところは、公害が多い、緑が少ない、人間関係がうすい等が挙げられる。地方の暮らしのよいところは、自然が多く空気がすんでいる、食べ物が新せんで安い、地域の人々のきずなが深いなどが挙げられる。悪いところは、交通機関が少なく不便、病院が少ない、ご楽施設《らくしせつ》が少ないなどが挙げられる。

【ねらい】一段落に一つの事柄を記述することの理解をねらいとしている。

【解答】1　見られるようになった。／今では少なく

2　うすい等が挙げられる。／地方の暮らし

3　一段落一事項　1・2年

ろん理てき文しょうでは、一つのだんらくに一つのキーワードが書いてあります。

といつぎの文しょうのキーワードを（　　）からえらび、○でかこみなさい。

1　朝顔の花がさいた。むらさき色だった。花びらがぜんぶくっついていた。においはあまりしなかった。
（ひまわり、朝顔、チューリップ）

2　プールに行った。きのうまでおよげなかったが、今日は水にうくことができた。友だちと水中じゃんけんをすることができた。
（友だち、水中じゃんけん、プール）

3　きゅう食を食べた。今日のきゅう食は、あげパン、ワンタンスープ、イチゴ、牛にゅうだった。ぜんぶ食べられた。
（きゅう食、あげパン、イチゴ）

4　体いくでてつぼうをやった。前回りができた。ふとんほしもできた。足かけ回りにちょうせんしたけど、ひざの後ろがいたくてできなかった。
（前回り、ふとんほし、てつぼう）

【ねらい】　一段落一事項を学ぶために、一段落の文章からキーワードを一つ選ぶ問題となっている。

【解答】
1　朝顔　　2　プール
3　きゅう食　　4　てつぼう

3 一段落一事項 3・4年

ろん理的文章では、一つの段落に一つのキーワードが入っています。

問 次の文章のキーワードを（　）から選び○で囲みなさい。

1 ミニトマトの種を植えた。本当に小さなめが出た。しばらくすると、本葉が出てきた。水を毎日やったら、どんどん育った。

（め、ミニトマト、本葉）

2 初めて野球をやった。ボールが速くて打てなかったが、バットのふり方を教わったら打てるようになった。

（ボール、バット、野球）

3 ぬまに行った。一メートルくらいの木のぼうにさきいかをつけた。ザリガニをつかまえた。一度に三びきとれた。十五センチメートルくらいあった。

（ぬま、さきいか、ザリガニ）

4 運動会で、三、四年生合同でよさこいソーランをおどった。鳴子《なるこ》という楽器を両手で持って「どっこいしょ、どっこいしょ」と言いながらおどる。

（運動会、よさこいソーラン、鳴子《なるこ》）

【ねらい】 一段落一事項を学ぶために、一段落の文章からキーワードを選択する問題となっている。

【解答】 1 ミニトマト 2 野球
3 ザリガニ 4 よさこいソーラン

3　一段落一事項　5・6年

論理的文章では、一つの段落に一つのキーワードが書いてあります。

問　次の文章のキーワードを（　　　　　）から選び、○で囲みなさい。

1　今日、目玉焼きを焼いた。卵をおわんに割る。その後、カラザを取る。フライパンを温め、油を大さじ一ぱい入れる。静かに卵を入れる。しばらくしたらふたをして、五十ccほどの水を入れる。黄身が固まってきたら、火を止める。塩とこしょうをふりかけて、でき上がりである。

（目玉焼き　卵　フライパン）

2　小学三年のころ、たん任の先生は国語の時間によくグリム童話を読んでくれた。シンデレラや赤ずきん、オオカミと七ひきの子ヤギ、ブレーメンの音楽隊など、小さいときに絵本で読んで知っている話もあった。でも、先生の読むグリム童話は、最後がちょっとこわくて、生きていく上でためになる話だった。

（グリム童話　赤ずきん　オオカミ）

【ねらい】　一段落一事項を習得するために、一段落の文章からキーワードを選択する問題となっている。

【解答】　1　目玉焼き　2　グリム童話

4　名前のつけ方　1・2年

とい　どのような名前を、つけるとよいですか。
あてはまる名前に、◯をつけなさい。

1　犬・ねこ・きつね・たぬき
①　しょくぶつ
②　どうぶつ
③　野さい

2　さんま・さば・あじ・たい
①　車
②　船
③　魚

3　とまと・きゅうり・なす・ほうれんそう
①　魚
②　肉
③　野さい

4　算数・国語・体いく・生活
①　教科
②　食べもの
③　のみもの

5　かき・なし・りんご・みかん
①　くだもの
②　肉
③　魚

6　弟・妹・姉・兄
①　男
②　女
③　兄弟姉妹《きょうだいしまい》

【ねらい】　いくつかの具体的な事物の共通性を考え、そのグループに名づけをする学習である。まとめ方は低学年でも考えることができる。

【解答】
1　②　どうぶつ　　2　③　魚
3　③　野さい　　4　①　教科
5　①　くだもの　　6　③　兄弟姉妹

4　名前のつけ方　3・4年

問　どのように名前をつけるとよいですか。当てはまる名前に○をつけなさい。

1　七色・空にかかる・雨上がり・橋
①　絵の具
②　にじ
③　雲

2　物を冷やす・直方体・ドア・氷を作れる
①　プール
②　井戸
③　冷ぞう庫

3　子ども・勉強・運動・給食・プール・校庭
①　小学校
②　大学
③　野原

4　テレビ・ラジオ・ドライヤー・電子レンジ
①　家電製《せい》品
②　香《こう》水
③　せともの

5　野球・サッカー・ラグビー・たっ球
①　老人
②　図書館
③　スポーツ

【ねらい】　具体的な事物の共通性を考え、そのグループに名づけをする学習である。事物の共通性が考えられると、帰納的な推論ができるようになる。

【解答】
1　②　にじ　　2　③　冷ぞう庫
3　①　小学校　　4　①　家電製品
5　③　スポーツ

4 名前のつけ方 5・6年

問 どのように名前をつけるとよいですか。当てはまる名前に◯をつけなさい。

1 法隆寺《ほうりゅうじ》・日光の社寺・姫路城《ひめじじょう》
① 世界自然遺産
② 世界文化遺産
③ 世界危機遺産

2 蓄《ちく》音機・白熱電球・映写機・電話機の実用化
① 平賀源内《ひらがげんない》の発明品
② ファラデーの発明品
③ エジソンの発明品

3 スクランブルエッグ・目玉焼き・オムレツ
① 卵料理
② 肉料理
③ 魚料理

4 オオサンショウウオ・シーラカンス・カモノハシ
① 生きている植物
② 生きている虫
③ 生きている化石

5 アフリカ・アメリカ・ユーラシア・オーストラリア
① 大陸
② 海洋
③ 山脈

【ねらい】 複数の事物の共通性を考え、そのグループに名づけをする学習である。中学年より高度な課題になっている。

【解答】
1 ② 世界文化遺産
2 ③ エジソンの発明品
3 ① 卵料理
4 ③ 生きている化石 5 ① 大陸

5　具体と抽象　1・2年

とい1　なかまはずれの言ばを、一つえらんで、○でかこみなさい。

(1)　ライオン・ひょう・とら・アイスクリーム

(2)　ヨーグルト・プリン・すし・アイスクリーム

(3)　ウルトラマン・かめんライダー・花・スーパーマン

(4)　ねこ・めだか・たなご・ふな・なまず

とい2　つぎの言ばに合う言ばを、①~④の中からえらんで、○をつけなさい。

(1)　うんどう
①　うどん　②　からあげ　③　野きゅう　④　カレー

(2)　べん強
①　国語　②　自てん車　③　トランプ　④　しょうぎ

(3)　むし
①　本　②　きゅうり　③　とんぼ　④　なべ

【ねらい】　身近な言葉を例に、具体と抽象の関係を理解することをねらいとしている。

【解答】　1　(1)　アイスクリーム　(2)　すし　(3)　花　(4)　ねこ
2　(1)　③　野きゅう　(2)　①　国語　(3)　③　とんぼ

5　具体と抽象　3・4年

問1　次の言葉から仲間はずれの言葉を一つえらんで、○をつけなさい。

A　ボール、バット、トンボ、ベース、グローブ

B　目玉焼き、ゆでたまご、うな重、たまご焼き

C　エビフライ、バタフライ、平泳ぎ、クロール

D　テレビ、冷ぞう庫、電子レンジ、しゃもじ

E　なす、きゅうり、ご飯、とまと

問2　次の言葉から仲間はずれの言葉を一つえらんで、○をつけなさい。

A　鯛《たい》、秋刀魚《さんま》、鰯《いわし》、リンゴ、ふぐ

B　ライオン、チーター、トカゲ、トラ、山ねこ

C　バスケットボール、バレーボール、野球、水泳、サッカー

【ねらい】　身近な言葉を題材にして、具体と抽象の関係を理解することをねらいとしている。

【解答】　1　A　トンボ　B　うな重
C　エビフライ　D　しゃもじ
E　ごはん
2　A　リンゴ　B　トカゲ
C　水泳

5　具体と抽象　5・6年

問　より具体的に述べている文の記号に、○をつけなさい。

1　A　明日天気がよければ、出かけましょう。
　B　明日くもりか晴れなら、出かけましょう。

2　A　私と太郎さんの家はけっこう近い。
　B　私の家から太郎さんの家まで、百メートルくらいある。

3　A　太郎さんは親切で、いつも笑顔でいる人だ。
　B　太郎さんは、感じがいい。

4　A　きびきび行動しなさい。
　B　時間を守り、素早く動きなさい。

5　A　来週は毎日七時までに登校しよう。
　B　来週は毎日早めに登校しよう。

6　A　あの病院はすばらしい。看護師さんは天使のようで、私を宝物のようにあつかってくれる。お医者さんも頼もしく、大船に乗ったような気分で入院することができる。
　B　東病院の看護師さんは、夜中のナースコールにもすぐにかけつけてくれる。お医者さんも経験が豊富で、病気の説明を分かりやすくしてくれるので、安心して入院することができる。

【ねらい】　具体と抽象の違いを、例文を通して考える課題である。「6」のAのように、字数が多いだけでは詳しく書いたことにならないことを理解させる必要がある。

【解答】　1　B　2　B　3　A
4　B　5　A　6　B

6 キーワード 1・2年

とい　ヒントをよんで、つぎの文のキーワードを見つけ、◯でかこみなさい。

れい　どうぶつ園に行った。　【ヒント】
　　　ライオンを見た。
　　　トラを見た。
　　　楽しかった。

↑どこへ行った？
↑何を見た？
↑何を見た？
↑どんな気もち？

1　水ぞくかんに行った。　↑どこへ行った？
　　さめがおよいでいた。　↑何がおよいでいた？
　　いわしがおよいでいた。　↑何がおよいでいた？
　　楽しかった。　↑どんな気もち？

2　パンやへ行った。　↑どこへ行った？
　　あんパンを買った。　↑何を買った？
　　クリームパンを買った。　↑何を買った？
　　うれしかった。　↑どんな気もち？

3　うみへ行った。　↑どこへ行った？
　　さかながおよいでいた。　↑何がおよいでいた？
　　ボートがうかんでいた。　↑何がうかんでいた？
　　きれいだった。　↑どんな気もち？

【ねらい】　キーワードを選択する問題を解きながら、キーワードの特質をつかむ課題である。

【解答】
1　水ぞくかん、さめ、いわし、楽しかった
2　パンや、あんパン、クリームパン、うれしかった
3　うみ、さかな、ボート、きれいだった

6　キーワード　3・4年

問　次の文章のキーワードを後ろの（　　　）からさがして、○でかこみなさい。

1　初めての料理は目玉焼きだった。一こ目のたまごはわるのを失敗してしまった。二こ目のたまごは、うまくわれた。フライパンに油を引いて、ふたをして、水を入れて焼いた。うまく焼けた。
（料理　目玉焼き　失敗　フライパン　油）

2　富士山の周りには、大きな湖が五つある。今回行ったのは、二番目に大きい河口湖《かわぐちこ》だ。河口湖には、遊らん船があり、一人九百三十円で乗ることができた。一人四千円で、エンジン付きのボートに乗ることもできる。つりを楽しんでいる人もいた。
（富士山　大きな湖　河口湖　遊らん船　つり）

3　たっ球の練習をした。サーブを三十本打った。フォアハンドを四十本やった。バックハンドを四十本やった。試合形式で三試合行った。あせをたくさんかいた。
（たっ球の練習　サーブ　フォアハンド　バックハンド）

4　アメリカの大リーグに、大谷《おおたに》選手が入った。ピッチャーとバッターの両方で活やくした。両方で活やくしたのは、ベーブ・ルース以来のことだという。
（アメリカ　大リーグ　大谷選手　ベーブ・ルース）

【ねらい】　キーワードを選択する問題を解きながら、キーワードの特質を把握することができる。低学年より高度である。

【解答】　1　目玉焼き　　2　河口湖
3　たっ球の練習　　4　大谷選手

6 キーワード 5・6年

問 次の文章のキーワードを後ろの（　　）から探して、〇でかこみなさい。

1 初めて富士山に行った。五合目まではバスで行けた。十分な準備をしていなかったので、六合目まで歩いてみることにした。途中までは、平らだったので簡単に進めたが、半分くらいから足元はざらざらの石になり、急に歩きにくくなった。

（富士山　五合目　六合目　歩きにくくなった）

2 毎年、夏になると海や川で事故にあう人がいる。ニュースでは水難事故として報告される。川で遊んだことのない高校生や大学生が、おぼれることが多いようだ。保護者がいないところで遊ぶようになるが、危険に対する判断が未熟なのだろう。

（夏　水難事故　高校生　大学生　保護者）

3 地方では、人口が減り、空き家が目立ってきている。空き家には、アライグマやハクビシンなどの動物が、住み着いていることもある。敵におそわれにくく、雨風も防げるために快適な空間となっている。それらの動物が、近所の民家の作物を荒らす事態も発生している。

（地方　人口　空き家　アライグマ　ハクビシン）

【ねらい】 100文字程度の文章からキーワードを選択し、繰り返し問題を解くことで、キーワードの特質を把握できる。

【解答】
1 富士山
2 水難事故
3 空き家

7　論理的思考の組み立て方　1・2年

とい　「はじめ・なか1・なか2・まとめ」として合っている文しょうに○、まちがっている文しょうに×をつけなさい。

1（　）
① うんどう会をした。（はじめ）
② 玉入れでまけた。（なか1）
③ かけっこでころんだ。（なか2）
④ くやしかった。（まとめ）

2（　）
① うんどう会をした。（はじめ）
② かけっこで1いだった。（なか1）
③ おべんとうを食べた。（なか2）
④ おいしかった。（まとめ）

3（　）
① うんどう会をした。（はじめ）
② みんなでおどった。（なか1）
③ おうえん合せんをした。（なか2）
④ 楽しかった。（まとめ）

4（　）
① 日直をした。（はじめ）
② 大きな声で、ごうれいをかけた。（なか1）
③ 朝と帰りに、司会《しかい》をした。（なか2）
④ 大へんだった。（まとめ）

【ねらい】「はじめ・なか1・なか2・まとめ」の論理的文章構成の基本を身につけることをねらいとしている。

【解答】　1　○
2　×④が②と③との共通する性質になっていない。
3　○　4　○

7 論理的思考の組み立て方 3・4年

次のような文章構成の文章を論理的文章といいます。

例　気持ちがよかったそうじ
① そうじをした。（はじめ……あらまし）
② ほうきではいた。（なか1……具体例　ア）
③ ぞうきんでふいた。（なか2……具体例　イ）
④ きれいになって気持ちがよかった。（まとめ……アとイに共通する性質）

問　論理的文章として合っている文章に○、間違っている文章に×をつけなさい。

例　くやしかったお祭り（題名）
① お祭りに行った。（はじめ）
② お金を落とした。（なか1）
③ しゃてきで外した。（なか2）
④ くやしかった。（まとめ）

1　おいしかった（題名）
① お祭りに行った。（はじめ）
② やきそばを食べた。（なか1）
③ たこやきを食べた。（なか2）
④ おいしかった。（まとめ）

2　うれしいお祭り（題名）
① お祭りに行った。（はじめ）
② 金魚つりをした。（なか1）
③ 出目金がつれた。（なか2）
④ うれしかった。（まとめ）

【ねらい】　論理的文章は「はじめ・なか1・なか2・まとめ」という構成が基本である。「なか1・なか2」は別の事例を書き、「まとめ」は二つの例に共通する性質を表す。これらを確認する課題である。

【解答】　1　○
2　×③の出目金は②を詳しくしているから一つの事例である。

7　論理的思考の組み立て方　5・6年

問　論理的文章として合っている文章に〇、間違っている文章に×をつけなさい。

例　残念な運動会　（題名）
①　運動会があった。　（はじめ）
②　リレーで三位だった。　（なか1）
③　綱引きも三位だった。　（なか2）
④　楽しかった。　（まとめ）

1　がんばった運動会　（題名）
①　運動会があった。　（はじめ）
②　放送委員会の仕事をした。　（なか1）
③　ゆっくりはっきり話した。　（なか2）
④　がんばった。　（まとめ）

2　楽しかった遠足
①　のこぎり山に遠足に行った。
②　山頂まで歩いた。
③　おみくじを引いた。
④　楽しかった。

3　楽しかった遠足
①　のこぎり山に遠足に行った。
②　どんぐり拾いをした。
③　虫取りをした。
④　苦しかった。

【ねらい】　論理的思考の組み立ては、理屈を説明するより事例と考察の間違い探しが指導上、効果的である。日常生活を題材にして、正しい推論の仕方が次第に身についていく。

【解答】　1　×③が②を詳しくした文なので、具体的事例が一つしかない。　2　〇
3　×題名と具体的事例が「まとめ」に合わない。

8　事実か意見か　1・2年

とい1　つぎの文がじじつなら○、考えや気もちなら×を（　）につけなさい。

(1)　おばけは、こわい。（　）

(2)　朝顔の花が、三つさいた。（　）

(3)　えんぴつが、おちていた。（　）

(4)　今日のきゅう食は、カレーだ。（　）

(5)　大山さんは、頭がいい。（　）

(6)　さくらの花が、さきそうだ。（　）

とい2　つぎのアとイの文で、じじつが書いてある文は、どちらですか。記ごうに○をつけなさい。

(1)　ア　りすが、どんぐりを食べている。
　　イ　りすは、かわいい。

(2)　ア　いもうとは、ねむっている。
　　イ　いもうとは、ねむそうだ。

【ねらい】　日常生活を例にして、事実と意見の区別を学習する課題である。

【解答】　1　(1)×　こわい　(2)○　(3)○　(4)○　(5)×　頭がいい　(6)×　さきそうだ

2　(1)　ア　(2)　ア

8　事実か意見か　3・4年

問1　次の文が事実と意見か考え、○でかこみなさい。

(1)　昨日食べたハンバーグはとてもおいしかった。　（　事実　意見　）

(2)　木村さんは、この夏休みに山へ登った。　（　事実　意見　）

(3)　橋本さんは、親切な人だ。　（　事実　意見　）

(4)　吉田さんがかいた絵は、すばらしい。　（　事実　意見　）

(5)　クラスのみんなが持っているから、ぼくもスマホがほしい。　（　事実　意見　）

問2　次のAとBの文章のうち事実だけで書かれているのはどちらの文章ですか。記号に○をつけなさい。

A　六月三十日に校内スポーツ大会が行われた。長なわを三分間で何回とべるかを競う。一位は六年生、二位は四年生だった。

B　六月三十日に校内スポーツ大会が行われた。長なわを三分間で何回とべるかを競う。五年生は三位だったのでくやしかった。

【ねらい】　日常生活を例にして、事実と意見の区別を学習する課題である。

【解答】　1　(1)　意見　(2)　事実　(3)　意見　(4)　意見　(5)　意見

2　A

8 事実か意見か 5・6年

問1 次の文が事実なら○、意見なら×を（　）につけなさい。

(1) パンダに赤ちゃんが生まれた。（　）

(2) 大木さんは東京大学に合格した。（　）

(3) 大森さんは、優しそうだ。（　）

(4) 山崎さんは料理が上手だ。（　）

(5) 高校生になったらスマホを持つべきだ。（　）

(6) 吉田さんは、英語が話せる。（　）

(7) 木下さんは、漢字検定で2級に合格した。（　）

問2 次のAとBの文章のうち事実だけで書かれているのはどちらの文章ですか。記号に○をつけなさい。

A 日光林間学園に行った。とても暑い日だった。重い荷物を持ちながら、宿まで三十分歩いた。へとへとにつかれて、家に帰りたくなるほどだった。

B 日光林間学園へ行った。東武線の特急スペーシアに乗った。十両編成だった。その日の最高気温は、三十五度で、座っていてもあせが流れてきた。

【ねらい】 日常生活を例にして、事実と意見の区別を学習する課題である。事実を述べているようでいて、書き手の判断が入ることに気づかせたい。

【解答】 1 (1)○ (2)○ (3)×優しそう (4)×上手だ (5)×スマホを持つべきだ (6)○ (7)○

2 B

9 「なか」の書き方 1・2年

とい1　アとイでは、どちらがくわしいですか。
　くわしい方の記ごうに○をつけなさい。

(1)
ア　となりの家には、犬がいる。
イ　となりの家には、ポチがいる。

(2)
ア　ひまわりがさいた。
イ　花がさいた。

(3)
ア　トランプをしてあそんだ。
イ　ババぬきをしてあそんだ。

(4)
ア　くだものを食べた。
イ　りんごを食べた。

とい2　くわしい方の記ごうに○をつけなさい。
　また、くわしいことばに――を引きなさい。

(1)
ア　とんぼが、たくさんとんでいた。
イ　とんぼが、七ひきとんでいた。

(2)
ア　学校には、音楽室や図工室がある。
イ　学校には、いろいろな教室がある。

(3)
ア　朝顔の花が五つさいた。
イ　朝顔の花がいっぱいさいた。

【ねらい】　日常生活を例にして、具体的事例の詳しさと粗さを理解する問題である。

【解答】
1　(1)　イ　(2)　ア　(3)　イ　(4)　イ
2　(1)　イ　七ひき
(2)　ア　音楽室や図工室
(3)　ア　五つ

9 「なか」の書き方 3・4年

問1 ①と②でくわしく書いてある方に○をつけなさい。また、くわしい言葉に――を引きなさい。

(1) ① 庭に赤い花がたくさんさいた。
② 庭にバラの花が二十本さいた。

(2) ① 赤組が白組にあっ勝した。
② 赤組は白組に百点差で勝った。

(3) ① 夕食はさんまの塩焼き、ほうれん草のおひたし、かぶのみそしるだった。
② 夕食は、秋らしい、おいしい和食だった。

(4) ① 富士山は三千七百七十六メートルの高さだ。
② 富士山は周りの山に比べてとても高い山だ。

問2 ①と②のうち、あらい文に○をつけなさい。また、あらい言葉に――を引きなさい。

(1) ① 海にボートが十五そう、うかんでいる。
② 海にボートがたくさんうかんでいる。

(2) ① 動物園にゾウが四頭いた。
② 動物園に二頭の親と二頭の子ゾウがいた。

(3) ① 朝ご飯は、目玉焼きとパンと牛にゅうだった。
② 朝ご飯は、洋食だった。

【ねらい】 具体的事例の詳しさと粗さを理解する問題である。数字や色、具体的な名称、内容などを書くと、詳細な記述になると気づかせる。

【解答】 1 (1) ②バラの花、二十本 (2) ②百点差 (3) ①さんまの塩焼き、ほうれん草のおひたし、かぶのみそしる (4) ①三千七百七十六メートル

2 (1) ②たくさん (2) ①ゾウが四頭 (3) ②洋食

9 「なか」の書き方　5・6年

問1　①と②でくわしく書いてある方に○をつけなさい。くわしい言葉にぼう線を引きなさい。

(1) ①　空にはたくさんのトンボが飛んでいた。
②　青空には、十数ひきの赤トンボが飛んでいた。

(2) ①　今日の給食は洋風でとてもおいしかった。
②　今日の給食は、ビーフシチューとコーンサラダとコッペパンだった。とてもおいしかった。

(3) ①　昨日の試合で山田選手は、四打数のうちヒット二本、ホームラン一本、サードゴロだった。
②　昨日の試合で山田選手は、いつもどおりの活躍で、よく打っていた。

問2　①と②のうち、あらい文に○をつけなさい。また、あらい言葉にぼう線を引きましょう。

(1) ①　今日は朝六時半に起きた。
②　今日は朝早く起きた。

(2) ①　植物園には、花が五百種類あった。
②　植物園にバラの花二百種類とダリアの花が三百種類あった。

【ねらい】　具体的事例の詳しさと粗さを理解する問題である。数字や色、具体的な名称、内容等の記述や組み合わせによって、詳細に書けることを理解させたい。

【解答】　1　(1)　②青空、十数匹、赤とんぼ
(2)　②ビーフシチューとコーンサラダとコッペパン
(3)　①四打数、ヒット二本、ホームラン一本、サードゴロ

2　(1)　②早く　(2)　①五百種類

10 「まとめ」の書き方 1・2年

とい 「なか1・なか2」に合う「まとめ」はどちらですか。合う方をえらんで（ ）に○をつけなさい。

1 なか1 きのうは、朝顔が二つさいた。
なか2 きょうは、朝顔が三つさいた。
まとめ ①（ ）うれしかった。
②（ ）くやしかった

2 なか1 花火をした。
なか2 プールであそんだ。
まとめ ①（ ）楽しかった。
②（ ）虫とりをしたい。

3 なか1 パフェを食べた。
なか2 アイスクリームを食べた。
まとめ ①（ ）おもしろかった。
②（ ）おいしかった。

4 なか1 かけっこで一いをとった。
なか2 リレーのせん手になった。
まとめ ①（ ）体いくは、きらいだ。
②（ ）走るのがとくいだ。

【ねらい】 日常生活を例にして、「なか1・なか2」に合う「まとめ」を選ぶ力をつける課題である。

【解答】

1 ①　2 ①
3 ②　4 ②

10 「まとめ」の書き方 3・4年

問　「なか」に合う「まとめ」をえらび、（　）に○をつけなさい。

1
なか1　小鳥がえさを食べていた。
なか2　キリンがえさを食べていた。
まとめ　①（　）よく食べるなと思った。
②（　）つかれた。

2
なか1　リレーで一位になった。
なか2　玉入れで勝った。
まとめ　①（　）悲しかった。
②（　）うれしかった。

3
なか1　アイスクリームを二個食べた。
なか2　やき鳥を五本食べた。
まとめ　①（　）食べすぎて苦しい。
②（　）ラーメンも食べたい。

4
なか1　神社でまい子になった。
なか2　神社でさいふを落とした。
まとめ　①（　）悲しかった。
②（　）うれしかった。

5
なか1　クロールは二十五秒だった。
なか2　平泳ぎは三十秒だった。
まとめ　①（　）バタフライはまだできない。
②（　）はやくてうれしかった。

【ねらい】　複数の具体的事例に合う考察（「まとめ」）を選択する学習である。

【解答】　1　①　2　②　3　①
4　①　5　②

10 「まとめ」の書き方 5・6年

問 「なか」に合う「まとめ」を選び、（　）に○をつけなさい。

1 なか1 犬がえさを食べていた。ドッグフードだった。皿に入ったえさを息もつかずに食べていた。

なか2 猫がえさを食べていた。スティック状のふくろに入ったえさで、飼い主の手から食べていた。

まとめ ①（　）犬もねこも食欲があると思った。

②（　）犬もねこも夜は、元気だ。

2 なか1 リレーの選手になった。四人のチームの中で三番目に走った。第二走者から二位でバトンをもらって、アンカーに一位で渡すことができた。

なか2 き馬戦でき乗した。背は高いが、体重が軽い方なので、相手のき馬よりも高さが高くなり、何回も勝つことができた。

まとめ ①（　）勝つことができたが、相手のことを考えると悲しかった。

②（　）自分の役目が果たせてうれしかった。

【ねらい】 複数の具体的事例に合う考察「まとめ」を選択する学習である。具体的事例の性質を読み取る力も必要である。

【解答】 1 ① 2 ②

11　「むすび」の書き方　5・6年

問　「はじめ・なか・まとめ」に合う「むすび」を選び、記号に○をつけなさい。

1　休み時間の遊び
「はじめ」ドッジボールをした。
「なか1」外野でパスを回して当てた。
「なか2」当たらないように声をかけ合った。
「まとめ」みんなで力を合わせて勝利した。
「むすび」ア　楽しくできたのでよかった。
　　　　　イ　協力することの大切さを知った。

2　夏休み
「はじめ」川でキャンプをした。
「なか1」トンボが頭や手に止まった。
「なか2」魚を手でつかんでつかまえた。
「まとめ」自然とのふれあいは楽しかった。
「むすび」ア　貴重な体験ができる。
　　　　　イ　川は、すずしくて気持ちがよい。

3　水泳学習
「はじめ」水泳学習でクロールを教わった。
「なか1」ももを動かして、力強くキックした。
「なか2」手を伸ばして、大きくかいた。
「まとめ」教わった通りにがんばって泳いだから、二十五メートル泳ぐことができた。
「むすび」ア　平泳ぎの方が、泳ぎ方が難しい。
　　　　　イ　泳ぎのポイントがわかると泳げるようになる。

【ねらい】序論、具体的事例、考察を読み、文章に合う結論を選択する課題である。

【解答】1　イ　2　ア　3　イ

12 「はじめ」の書き方、題名のつけ方 1・2年

ろん理てき文しょうの「はじめ」は、文しょうの大体を書きます。

とい1 「なか・まとめ」に合う「だい名」と「はじめ」をえらび、記ごうに○をつけなさい。

テーマ　夏休み
だい名　ア　おもしろいおまつり
　　　　イ　くじを引いたよ
「はじめ」ウ　おまつりに行った。
　　　　エ　おまつりに行って楽しかった。
「なか1」　やきそばを食べた。
「なか2」　くじを引いた。
「まとめ」　おもしろかった。

とい2 「なか・まとめ」に合う「はじめ」をえらび、記ごうに○をつけなさい。

(1) だい名　おもしろいしごと
「はじめ」ア　日ちょくのしごとをした。
　　　　イ　日ちょくは大へんだ。
「なか1」　朝の会のしかいをした。
「なか2」　帰りの会のしかいをした。
「まとめ」　おもしろかった。

(2) だい名　がんばったうんどう会
「はじめ」ア　うんどう会が楽しかった。
　　　　イ　うんどう会があった。
「なか1」　五十メートル走をした。
「なか2」　たま入れをした。
「まとめ」　がんばった。

【ねらい】 論理的文章の序論の書き方と、題名のつけ方を例文で理解する課題である。

【解答】 1　ア、ウ　2　(1)　ア　(2)　イ

12 「はじめ」の書き方、題名のつけ方 3・4年

ろん理的文章の「はじめ」は文章の大体を書きます。「はじめ」には感想は書きません。

問1 「なか・まとめ」に合う「題名」と「はじめ」を選び、記号に○をつけなさい。

テーマ 音楽会
題名 ア うまくできてうれしかった
イ 変な音楽会
「はじめ」ウ 十一月十五日に音楽会があった。
エ 今年の音楽会は楽しかった。
「なか1」「すてきなともだち」を歌った。
「なか2」「となりのトトロ」をえんそうした。
「まとめ」うまくできてうれしかった。

問2 「なか・まとめ」に合う「はじめ」を選び、記号に○をつけなさい。

(1) 題名 大変な仕事
「はじめ」ア 給食当番はおもしろい仕事だ。
イ 給食当番をした。
「なか1」布きんをよくしぼり、配ぜん台をふく。
「なか2」はしとスプーンをおぼんに置く。
「まとめ」大変だった。

(2) 題名 がんばった手伝い
「はじめ」ア 昨日の午前中に手伝いをした。
イ 手伝いは大変だがおもしろい。
「なか1」せんたく物をほした。
「なか2」食きを洗った。
「まとめ」がんばった。

【ねらい】 論理的文章の「はじめ」の書き方と、題名のつけ方を例文で理解する課題である。

【解答】 1 ア、ウ
2 (1) イ (2) ア

12 「はじめ」の書き方、題名のつけ方 5・6年

論理的文章の「はじめ」は文章の大体を書きます。「はじめ」には感想や意見を書きません。

問 「なか・まとめ」に合う「題名」と「はじめ」を選び、記号に○をつけなさい。

1 テーマ お祭り

題名 ア 最高の思い出

イ まあまあだったお祭り

「はじめ」 ウ 友達と神社のお祭りに行った。

エ お祭りで友達と遊んで楽しい思い出ができた。

「なか1」 射的をやった。五発中二発当たった。シガレットチョコとミニカーが取れた。

「なか2」 くじを引いた。消しゴムが当たった。

「まとめ」 楽しかった。最高の思い出になった。

2 テーマ 運動会

題名 ア 練習の成果が出た運動会

イ 楽しかった運動会

「はじめ」 ウ 最高に楽しかった運動会が行われた。

エ 九月三十日に運動会が行われた。

「なか1」 き馬戦に出場した。四人でき馬を組んだ。左腕にき手の重さがかかり、うでが痛くなった。き手が落ちないようにバランスをとった。

「なか2」 組体操をした。二人組で、相手をかた車から頭をくぐらせてももの上に立たせる「さぼてん」という技をした。

「まとめ」 何時間も練習した成果が本番で出て、全部成功して本当によかった。

【ねらい】 論理的文章の序論の書き方と、題名のつけ方を例文で理解する課題である。まとめのキーワードを題名に入れるとよい。

【解答】 1 ア、ウ 2 ア、エ

13　図・表・グラフの読み方　1・2年

とい1　つぎのひょうを見て、正しい文には○、まちがっている文には×をつけなさい。

かっている生き物調べ（人）

	うさぎ	犬	ねこ	りす	金魚	カメ
		○				
		○				
		○				
5		○	○			
		○	○			○
		○	○		○	○
		○	○		○	○
	○	○	○	○	○	○

(1)　犬をかっている人が一番多い。（　）
(2)　うさぎとりすは、同じ数だ。（　）
(3)　カメが一番少ない。（　）
(4)　金魚をかっている人は、３人だ。（　）
(5)　カメと金魚は、同じ数だ。（　）

とい２　次の文を読み、ひょうに○を書きなさい。

①　おにごっこが一番多く、７人である。
②　ドロケイは、おにごっこより一人少ない。
③　ブランコは、ドロケイと同じ数だ。
④　ドッジボールは、てつぼうより一人多い。

すきなあそび（人）

	ブランコ	てつぼう	ドッジボール	ドロケイ	おにごっこ
5					
		○			
		○			

【ねらい】　表の数値を読み取り、文の正誤を判断する課題と、文を読んで、表を完成させる課題である。

【解答】　1　(1)　○　(2)　○　(3)　×　(4)　○　(5)　×
2　○の数　①　7　②　6　③　6　④　3

13 図・表・グラフの読み方 3・4年

問　下のグラフは、一八八〇年、一九八〇年、二〇一六年の人口のうつり変わりのグラフです。正しいものに○、正しくないものに×をつけなさい。

（　）1　一八八〇年の人口が一番多い県は新潟県である。

（　）2　岩手県、新潟県、鹿児島県の人口は、二〇一六年にふえてきている。

（　）3　東京都の人口は、一九八〇年に急にふえている。

（　）4　茨城県と静岡県と京都府と広島県は少しずつ人口がへってきている。

【ねらい】　簡単なグラフの読み取り方を学習する課題である。

【解答】　1　○　2　×　3　○　4　×

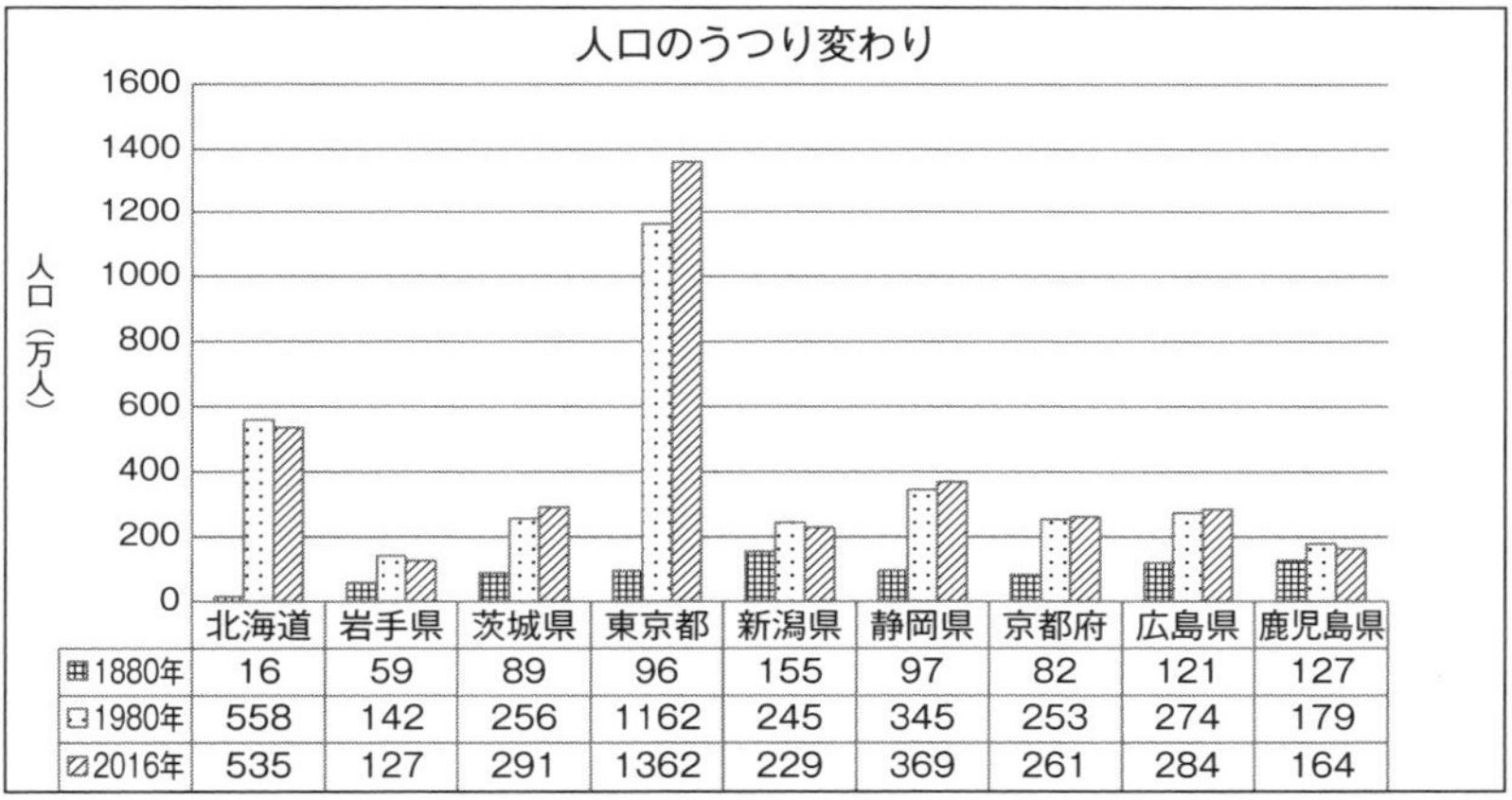

	北海道	岩手県	茨城県	東京都	新潟県	静岡県	京都府	広島県	鹿児島県
1880年	16	59	89	96	155	97	82	121	127
1980年	558	142	256	1162	245	345	253	274	179
2016年	535	127	291	1362	229	369	261	284	164

『データでみる県勢　2018年版』（公益財団法人　矢野恒太記念会）をもとに筆者作成

13 図・表・グラフの読み方 5・6年

日本の世界遺産

	記載物件名	所在地	記載年月	区分
1	法隆寺地域の仏教建造物	奈良県	1993年12月	文化
2	姫路城	兵庫県	1993年12月	文化
3	屋久島	鹿児島県	1993年12月	自然
4	白神山地	青森県、秋田県	1993年12月	自然
5	古都京都の文化財	京都府、滋賀県	1994年12月	文化
6	白川郷・五箇山の合掌造り集落	岐阜県、富山県	1995年12月	文化
7	原爆ドーム	広島県	1996年12月	文化
8	厳島神社	広島県	1996年12月	文化
9	古都奈良の文化財	奈良県	1998年12月	文化
10	日光の社寺	栃木県	1999年12月	文化
11	琉球王国のグスク及び関連遺産群	沖縄県	2000年12月	文化
12	紀伊山地の霊場と参詣道	奈良県、和歌山県、三重県	2004年7月	文化
13	知床	北海道	2005年7月	自然
14	石見銀山遺跡とその文化的景観	島根県	2007年6月	文化
15	平泉―仏国土（浄土）を表す建築・庭園及び考古学的遺跡群	岩手県	2011年6月	文化
16	小笠原諸島	東京都	2011年6月	自然
17	富士山―信仰の対象と芸術の源泉	山梨県、静岡県	2013年6月	文化
18	富岡製糸場と絹産業遺産群	群馬県	2014年6月	文化
19	明治日本の産業革命遺産　製鉄・製鋼、造船、石炭産業	福岡県、佐賀県、長崎県、熊本県、鹿児島県、山口県、岩手県、静岡県	2015年7月	文化
20	ル・コルビュジエの建築作品―近代建築運動への顕著な貢献―（国立西洋美術館）	東京都	2016年7月	文化
21	「神宿る島」宗像・沖ノ島と関連遺産群	福岡県	2017年7月	文化
22	長崎と天草地方の潜伏キリシタン関連遺産	長崎県、熊本県	2018年6月	文化
23	百舌鳥・古市古墳群―古代日本の墳墓群―	大阪府	2019年7月	文化

問　表にすると、事実を整理することができます。次の文のうち、上の表から分かる事実に○をつけなさい。

ア　日本の文化遺産は自然遺産の約２倍である。
イ　日本の文化遺産は自然遺産の約５倍である。
ウ　世界遺産の記載物件が最も多い都道府県は奈良県である。
エ　世界遺産の記載物件が最も多い都道府県は京都府である。
オ　日本では一九九三年十二月に記載された世界遺産が一番多い。
カ　日本では二〇一五年七月に記載された世界遺産が一番多い。
キ　四国には世界遺産に登録された物件がない。
ク　中国地方には世界遺産に登録された物件がない。

【ねらい】　表から対象となる事実を読み取る課題である。

【解答】　イ　ウ　オ　キ

14 論理的文章の文体 3・4年

ろん理的文章は、いろいろな決まりがあります。

問 ろん理的文章として、よい書き方の記号に○をつけなさい。

1 ア 水泳をがんばっていた。
イ 水泳をがんばっていました。

2 ア 遊ぶことができて、楽しかったです。
イ 遊ぶことができて、楽しかった。

3 ア 毎日、一時間ずつ勉強している。
イ 毎日、一時間ずつ勉強しています。

4 ア 牛にゅうを一気に飲んだ。
イ 牛にゅうを一気に飲みました。

5 ア 国語の時間、教室が静かだった。
イ 国語の時間、教室が静かでした。

6 ア ぼくはラーメンが好きだ。
イ ぼくの好きな食べ物、ラーメン。

7 ア わたしのとく意な教科、体育。
イ わたしは体育がとく意である。

8 ア 東京でオリンピックが行われる。
イ 東京で行われるオリンピック。

9 ア 八分の一に切った、冷やしたスイカを食べる。
イ 冷やした、八分の一に切ったスイカを食べる。

10 ア ノートより大きい赤色の折り紙で、つるを三わおった。
イ 赤色のノートより大きい折り紙で、つるを三わおった。

11 ア 中か料理はおいしい。
イ ギョウザとチャーハンはおいしい。

【ねらい】 論理的文章のルールを、二者選択問題の繰り返しによって、理解させる課題である。

【解答】 1 ア 2 イ 3 ア 4 ア
5 ア 6 ア 7 イ 8 ア
9 ア 10 ア 11 イ

14　論理的文章の文体　5・6年

論理的文章の決まりを守ると、キリッとした文章を書くことができます。

問　論理的文章として、よい書き方に○をつけなさい。

1　ア　家の手伝いをたくさんしました。
　　イ　家の手伝いをたくさんした。
2　ア　二学期の大そうじは大変だった。
　　イ　二学期の大そうじは大変でした。
3　ア　わたしはグループ活動をまとめた。
　　イ　グループ活動をまとめるわたし。
4　ア　わたしのとく意な教科は体育。
　　イ　わたしは体育がとく意である。
5　ア　音楽は楽ふをよむので、難しい。
　　イ　音楽は楽器をよむので、やさしくない。
6　ア　わたしのしたいことはおかし作りだ。
　　イ　わたしのしたい仕事はおかし作りだ。
7　ア　文ぼう具店で、ほしいものを買った。
　　イ　文ぼう具店で、ほしい色鉛筆を買った。
8　ア　六年でがんばりたい勉強は二つある。
　　イ　六年でがんばりたいことは二つある。
9　ア　土曜日に川につりに行き、魚をつった。
　　イ　土曜日に荒川につりに行き、ふなを二ひきつった。
10　ア　にじは赤、橙《だいだい》、黄、緑、青、藍、紫の七色である
　　イ　にじは赤から青までの七色である。
11　ア　図工の版画で使ったことがない物を使った。
　　イ　図工の版画で彫刻刀やノミを使った。

【ねらい】　論理的文章のルールを、二者選択問題の練習によって、理解させる課題である。

【解答】　1ア　2ア　3ア　4ア
5イ　6イ　7イ　8ア
9イ　10ア　11イ

Ⅱ

学校研究１

――埼玉県三郷市立吹上小学校

●第一章● 研究の概要

1 研究テーマ

(1) 主題設定の理由

全国学力学習状況調査や埼玉県の学習状況調査では、本校の児童は国語・算数ともに、ほぼ全国及び県の平均を上回っています。

しかし、実態調査では、自信をもって表現することが苦手な児童が多く、文章を正確に読み取って理解し、理解したことを自分の言葉で表現することに課題があります。国際社会で生き抜いていくためには、思考力・表現力の育成が急務です。自ら課題をもち、解決するような力をつけるためには、論理的文章を読んだり書いたりする力が必要です。

そこで、本校の研究テーマを二〇一九年度「自ら学ぶ力と豊かな心を身につけたくましく生きる児童の育成」とし、副題を「論理的な表現力を高め、深い学びができる子」としました。

(2) 研究の仮説

「段落の役割・キーワード・文章構成を学び、論理的文章を読んだり書いたりする力を身につければ、国語の学力が向上する」という仮説を立てて研究を進めました。

(3) 年間計画

授業研究を中心に取り組みました。全校で取り組んだ小論文のテーマも表に示しました（教材は、全て光村図書の教科書を使用しています）。

月	二〇一八年度 研究内容	二〇一八年度 小論文のテーマ	二〇一九年度 研究内容	二〇一九年度 小論文のテーマ
4月	研究計画		研究計画	
5月		運動会	小論文の授業公開	運動会
6月	小論文の模擬授業		研究授業 ①「かんさつ名人になろう」（2年） ②「生き物は円柱形」（5年） ③「こまを楽しむ」（3年） ④「ようこそ私たちの町へ」（6年）	全校遠足
7月			研究授業⑤「自分の考えを伝えるに	

			は」（4年）	
8月	研修会		教材分析	
9月	研究授業①「うみのかくれんぼ」（1年）		研究授業⑥「なつやすみのことをはなそう」（1年） 本発表のための学習指導案検討	
10月	研究授業②「『クラブ活動リーフレット』を作ろう」（4年） ③「明日をつくるわたしたち」（5年）	全校遠足	本発表（研究授業）「うみのかくれんぼ」（1年） 「大すきなもの、教えたい」（2年） 「すがたをかえる大豆」（3年） 「アップとルーズで伝える」（4年） 「明日をつくるわたしたち」（5年） 「未来がよりよくあるために」（6年）	
11月	研究授業④「すがたをかえる大豆」（3年）			お手伝い
12月	教材分析・模擬授業		研究のまとめ	
2月	研究授業⑤「おにごっこ」（2年） ⑥「自然に学ぶ暮らし」（6年）	六年生を送る会	研究の反省（成果と課題）	六年生を送る会
3月	研究の反省（成果と課題）		来年度の研究計画	

2　2年間の研究内容

本研究は、埼玉県三郷市の学力向上推進研修の委嘱を受け、⑴論理的文章を「読む・書く」授業の指導、⑵全校同一テーマで書く小論文指導の2点を柱にして、2年間取り組みました。

⑴　論理的文章を「読む・書く」授業の指導

論理的思考力を伸ばし、論理的に書く力をつけるためには、段落・キーワード・文章構成の指導が必要です。ところが、教科書教材は、一段落一事項の意味段落で構成されていなかったり、文章が長くて内容を理解しづらかったり、文学的な要素が強かったり、論理的文章の読み方・書き方を指導するには課題が多いのです。

「論理的文章教材を読むのは、論理的文章を書くためである」と指導の目標を定めると、教科書教材の様々な要素に翻弄されることなく、指導事項を明確にすることができました。研究授業を積み重ねる中で、一段落一事項、キーワード、文章構成表の作成、論理的文章を書くときのテーマの設定等、論理的文章を「読む・書く」学習の指導事項を検討しました。

⑵　全校同一テーマで書く小論文指導

本校では、「運動会」「全校遠足」「六年生を送る会」をテーマに全クラスで小論文を指導しています。

行事は、児童の共通の体験です。共通の体験から、二つの事柄を選び、400字以内の小論文を書くことで、一段落一事項の書き方が身につきます。共通の体験なので、「なか」の書き方が分からない児童も、具体的な事実の書き方を友達から学ぶことができます。

同一テーマで6年間書き続けると、文章を書く力の伸長が分かります。学年が上がるにつれて、「なか」の書き方が詳しく緻密になります。体験した事実を、場面を絞って詳しく書く力が身についてくるのです。

「まとめ」の書き方も上達します。小学1年の頃は、「楽しかった」だけの感想だった「まとめ」が「協力することの大切さを知った」など書くことの性質が変わっていきます。

書く手順は、6年間同じなので、児童は学年が上がるにつれて、すぐに取りかかり、思考を集中し、短い時間で筋道の通った文章を書くことができるようになります。

●第二章●　校内研究の重点項目

論理的文章の読み方・書き方の指導法について2年間研究を進めてきました。研究の重点項目は「1、音読指導　2、段落とキーワード　3、文章構成『はじめ・なか・まとめ』　4、板書添削　5、発問・指示を明記した学習指導案」の5点です。

1　音読指導

音読指導では、すらすらと滑らかに読む、一斉音読を指導します。（市毛勝雄『国語科教育の授業改革論』明治図書、一九九八年、97－99頁）よくある「『、』（点）で1拍、『。』（丸）で2拍数えて、間を空けましょう」という音読指導は、群読発表につながります。文章内容を理解するための音読は、読点で休まずに、続けてすらすらと音読させます。児童の発達段階に応じて1分間に300から400字程度の速さです。

指名読みをしていては、音読していない多くの児童には力がつきません。一斉に音読すると、難しい語句の読み方を全員で確認することができます。音読が苦手で上手く読めない児童も、指でたどりながら一緒に音読に参加し、耳からの音声と文字とを結びつけることができます。一斉音読により自分の誤読に気づくこともできます。すらすら一斉音読は、学力の向上につながると考えています。

2 段落とキーワード

本校の研究では次のように論理的文章教材の分析をしました。はじめに、教科書の論理的文章教材を縮小コピーし、A3の紙に貼りつけて、全文が一目で見渡せるようにします。段落の終わりに丸数字で段落番号を振ります。次に各段落のキーワードは何かを考えます。教科書教材は、形式段落が多用されているため、キーワードが特定できない場合が多くあります。意味段落にまとめて、「はじめ・なか1・なか2・なか3・……・まとめ」の文章構成表にキーワードを整理していきます。

論理的文章の段落には、一つの段落に一つの事柄を書くという原則があります。この一段落一事項の原則を守って、文章を「読む・書く」力をつけるためにまずは、校内の授業者による教材研究が大切です。

3 文章構成「はじめ・なか・まとめ」

「はじめ・なか・おわり」は、時間の順序を示す言葉です。「はじめ」があって「おわり」があるという文章は、物語などの文学的文章の構成です。ところが、国語教科書では論理的文章教材や「書くこと」の単元・教材にも、「はじめ・なか・おわり」という言葉が使われています。つまり、教科書では論理的文章と文学的文章で文章構成の仕方に区別がありません。生活綴方の影響が未だに残っています。（桜沢修司『論理的な作文の指導技術』明治図書、一九九六年、148-150頁）

論理的文章を「読む・書く」授業では、「はじめ・なか1・なか2・まとめ」を使います。「まとめ」は、「なか」の共通性、つまり、考察を示しています。論理的文章と文学的文章で、文章構成を示す言葉を使い分けることにより、文章の性質の違いを明確に認識することになります。

そこで、全学年平仮名表記の「はじめ・なか・まとめ」という言葉を論理的文章を「読む・書く」学習指導の重要な指導事項として位置づけました。

4　板書添削

板書を使って、添削指導を試みました。指名された児童が、「まとめの表」や一次原稿・二次原稿を黒板に書き、教師が読み上げて、黄色いチョークを使って評価をします。「なか1・なか2・まとめ」とは書かずに、白いチョークで○を三つ書いて線で区切っていきます。白いチョークの○の大きさによって、児童が書く文字の大きさが決まります。参考にしたいと思う児童が、板書添削を見て、お手本とします。

⑴　「まとめの表」の板書添削（１年）

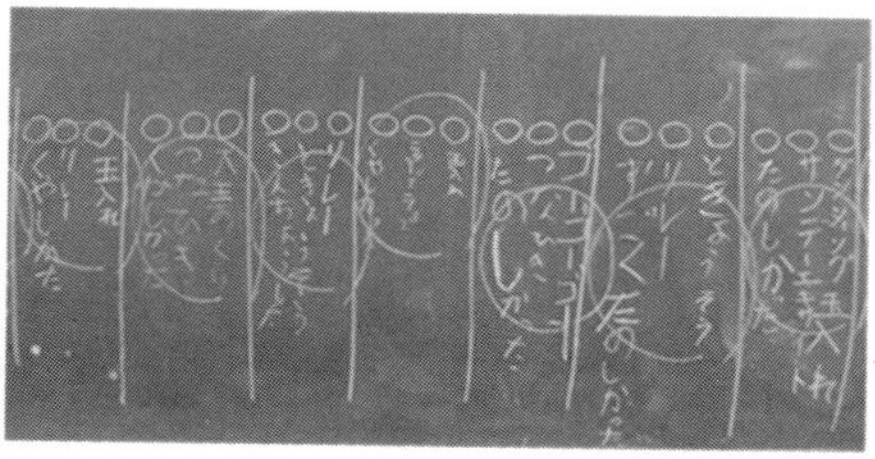

○の大きさに合わせて文字を書く。

⑵　一次原稿の板書添削（４年）

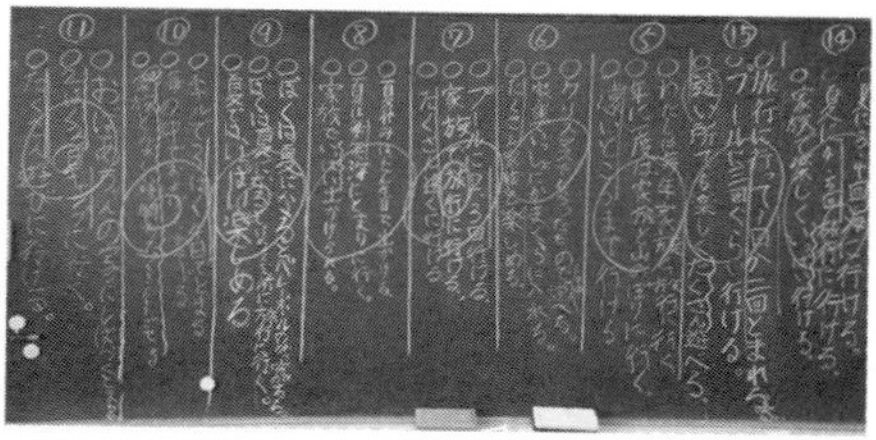

１文ずつ書く。

⑶　「なか」の板書添削（４年）

特によいところには傍線を引く。
大きな○をつける。

5　発問・指示を明記した学習指導案

発問・指示をせりふとして明記し、番号を振った学習指導案を作成しました。番号を振ることで、研究授業後の検討会では、どの発問に課題があったのか、どの発問が有効な発問だったのかなど、授業の核心である発問・指示について、検討がしやすくなりました。

教材研究の過程で発問・指示の言葉が精選され、より明確な言葉にすることの大切さを確認できました。

5　第○時の指導展開

分	学習内容	指導（発問・指示）と評価	指導上の留意点
0	1　学習のめあてを確認する	アップとルーズで伝える　**（板書）** 1　文章の題名を読みましょう。ハイ。 1-2　今日の課題をノートに書きましょう。 キーワードを文章構成表に整理しよう。**（板書）** 1-3　今日の課題を、声をそろえて読みましょう。「キーワードを……」ハイ。	1　大きくはっきり板書する。 1-2　板書と同時にノートに書けるように、全員を集中させてから、書き始める。
5	2　①段階のキーワードを考える 一斉音読 キーワード	2　①段落を読みます。「テレビで……」ハイ。（25秒） 2-2　すらすらと読めました。 2-3　①段階で説明している写真を指さしましょう。 【解　写真①】 2-4　①段落のキーワードは何ですか。 【解　会場全体】 2-5　キーワードを青鉛筆で囲みましょう。 2-6　教科書の写真の上に「会場全体」と書きましょう。 会場全体　**（板書）**	2　読点で休まず、すらすらと音読させる。 2-2　一斉音読を評価する。 2-3　写真を黒板に貼る。 2-4　分からない児童が多い場合、ヒントを出す。 2-5　正解を確認してから、青鉛筆で囲ませる。 2-6　教科書に書き込ませ、写真と文章を対応させる。
10	3　②段落のキーワードを考える。	3　②段落を読みます。「いよいよ後半が……」ハイ。	

●第三章● 全校で取り組んだ小論文の書き方学習

1 小論文の書き方の学習方法

全校同一テーマで小論文を書く学習に、年間3回取り組みました。（年間計画は、93－94頁参照）運動会や全校遠足など同じ経験を題材にして小論文を書くと、授業者が指導しやすい、他の児童の書き方をお手本にできる、学年による違いを比較検討できる等の利点があります。

小論文の詳しい書き方は25～42頁をご覧ください。

2 小論文の実際

児童が書いた小論文を次頁以降に紹介します。①キーワード表、②まとめの表、児童の小論文に対する考察、③一次原稿、④二次原稿・評価・題名の順に示しています。

紙面の都合上2年、4年、6年の三つの小論文を紹介します。

(1)　「六年生を送る会」2年

①　キーワード表

1　ドラえもんのげき
2　四年生の「学園天国」
3　五年生のソーランぶしとげき
④　三年生の前前前世　パプリカ
5　おたん生月のお友だち
⑥　六年生の「たびだちの日に」

②　まとめの表

なか1	三年生の前前前世とパプリカ
なか2	六年生の「たびだちの日に」
まとめ	かんどうした

【考察】

1　一次原稿では、「なか」に事実ではなく、「上手だった」「すごかった」という感想を書いている。

2　授業者の添削により、二次原稿では歌を歌っていたという事実を書くことができた。

3　「なみだがこぼれそうになった」という二つの事実から「かんどうした」という共通の感想を書いている。

③　一次原稿　＝は教師による添削

はじめ	
なか1	三年生~~の~~が前前前世とパプリカ~~が上手だった。~~を歌った。
なか2	六年生~~の~~が「たびだちの日に」を~~すごかった。~~歌った。
まとめ	かんどうした。

④　二次原稿　評価「優秀」

題名「かんどうした三年生の歌と六年生の歌」

はじめ	六年生をおくる会があった。
なか1	三年生が前前前世とパプリカを歌った。かしもおぼえていてはっきりと言っていた。上手だったからなみだがこぼれそうになった。
なか2	六年生が「たびだちの日に」を歌っていた。みんなにありがとうの気もちがつたわってきた。中学生になってもがんばってほしい。なみだがこぼれそうになった。
まとめ	かんどうした。

(2)「六年生を送る会」4年

① キーワード表

①　六年生の歌
②　みんなでやったげきとおどり
3　五年生のソーラン節
4
5
6

② まとめの表

なか1	みんなでやったげきとおどり
なか2	六年生の歌
まとめ	楽しかった

【考察】

1　事実の段落と感想の段落を分けて書くことができている。
2　「なか1」では踊りがうまくいった様子、「なか2」では迫力がある歌声を詳しく書けるとよい。
3　感想のキーワードを一つに絞って書くとまとまりのある小論文になる。

③ 一次原稿

はじめ	
なか1	ぼく達は、げきとダンスをした。
なか2	六年生は、「旅立ちの日に」を歌ってくれた。
まとめ	楽しい六年生を送る会になった。

④ 二次原稿　評価「優秀」

題名「感動した六年生を送る会」

はじめ	二月二十七日に六年生を送る会をやった。
なか1	ぼく達は、げきとダンスをした。げきは六年生がやってくれたことをさいげんした。ぼくは、本の借り方を六年生が教えてくれる場面をやった。ダンスは「学園天国」をおどってうまくいった。休み時間もげきとダンスをたくさん練習した。努力をしたら六年生も笑ってくれた。
なか2	六年生は、「旅立ちの日に」を歌ってくれた。と中には、二部合唱になっていてアルトとソプラノの両方がすごくきれいだった。六年生が歌う「旅立ちの日に」はものすごく迫力があった。ピアノも六年生がひいていた。一度もまちがえないでひいていた。歌っていた人たちもピアノに合わせて歌っていた。
まとめ	楽しい六年生を送る会になった。六年生に感しゃの気持ちを伝えられてうれしかった。

(3) 「六年生を送る会」6年

① キーワード表

1 一年生、誕生月おどり
2 二年生、ドラえもん劇と歌
3 三年生、歌二曲
④ 四年生、学園天国
⑤ 五年生、ソーラン節
6

② まとめの表

なか1	四年生、学園天国
なか2	五年生、ソーラン節
まとめ	うまくおどれていた

【考察】

1 「なか1」も「なか2」も踊りに絞って書いているため、全体にまとまりがある。
2 「なか1」は感想であるが、「なか1」の前半が詳しく書けているので、「優秀」とした。
3 題名がテーマと同じになっている。「まとめ」の言葉を使ってつけさせるとよい。

③ 一次原稿

はじめ	
なか1	四年生は、おどってくれた。
なか2	五年生は、ソーラン節をおどってくれた。
まとめ	どちらもおどりを上手くできていて心に残った。

④ 二次原稿　評価「優秀」

題名「六年生を送る会」

はじめ	平成三十一年二月二十七日水曜日の一時間目に、六年生を送る会があった。
なか1	四年生が学園天国をおどってくれた。四年生の動きがそろっているときを多く見ることができた。少し難しいおどりを息を合わせておどっていた。特に、前に立っていた二人は、後ろの人たちよりもうまく、おどれていた。劇もあって、印象が強かったので、もっと見たいと感じるほどだった。
なか2	五年生は、劇とソーラン節の発表をしてくれた。ソーラン節をいっしょにおどった。最近おどっていなくて、自分は少しわからない場面もあったが五年生は、息を合わせておどっていた。また、劇の中でも五年生らしく、ギャグ要素もあり、でも五年生は、感謝の気持ちを伝えてくれていた。
まとめ	どちらもおどりを上手くできていて心に残った。

(4) 小論文「六年生を送る会」の考察

小論文学習では、「キーワード表」から「まとめの表」を作成します。一次原稿で文章全体を組み立ててから、二次原稿で文章化しています。このような手順で書き方を指導すると、どの学年も事実と感想を分けて小論文を書くことができるようになります。

2年、4年、6年と学年が上がるにつれて、「なか」の記述が詳しくなってきます。2年では、「かしもおぼえていてはっきりと言っていた。」と歌う様子を記述しています。4年は、「と中には、二部合唱になっていてアルトとソプラノの両方がすごくきれいだった。」と歌の様子が少し詳しく記述できています。6年になると「四年生の動きがそろっているときを多く見ることができた。少し難しいおどりを息を合わせておどっていた。」と場面の中心を決めて、踊っている様子を詳しく記述しています。

このように、学年が上がるにつれて、自分の体験を詳しく文章化することができるようになってきます。

また、「まとめ」も「楽しい」という感想だけでなく、「協力できた」「とても有意義だった」など性質を的確に表した感想もみられます。

●第四章● 各学年の実践事例

1、3、4年は「読むこと」、2年は「話すこと・聞くこと」、5、6年は「書くこと」の実践について の取り組みを報告します。

1年の実践事例

(1) 単元名　よんでたしかめよう（平成二十七年度・令和二年度）

教材名「うみのかくれんぼ」（光村図書1年上）

(2) 教材の特徴

① 「うみのかくれんぼ」は、七段落、約270文字の論理的文章である。

② 「はまぐり」「たこ」「もくずしょい」という三つの海の生き物について、生き物の名前、隠れている場所、体の特徴、隠れ方について述べている。

(3) 指導目標

① 進んで読んだり、図鑑や科学読み物で調べたりすることができる。

② 各段落をキーワードで読み取り、読み取った内容を友達と話すことができる。
③ 主語と述語の関係や、漢字の読み方に注意して文章を読むことができる。

(4) 指導計画（全7時間）

第一次　第1時　学習計画の見通しをもつ
第二次　第2～5時　「はまぐり」「たこ」「もくずしょい」の事例を読む。
第三次　第6～7時　図鑑や科学読み物を調べ、カードに書いて友達と伝え合う。

(5) 「うみのかくれんぼ」の文章構成表

文章構成	段落	キーワード
はじめ	①	うみのいきもの
なか1	②③	はまぐり
なか2	④⑤	たこ
なか3	⑥⑦	もくずしょい

(6) 第5時の主な発問・指示

① 何が隠れていましたか。（生きものの名前を確認する発問）【解　もくずしょい】
② 「もくずしょい」は、どこに隠れていましたか。（場所を確認する発問）【解　いわのちかく】
③ 「もくずしょい」の体には、どんな特徴がありますか。（体の特徴を確認する発問）【解　はさみ】
④ 「もくずしょい」は、どのように隠れていますか。（隠れ方を確認する発問）【解　へんしん】

⑤　海にいる生き物は、いろいろな所でいろいろな隠れ方をしていましたね。学習してきたことで感想はありますか。（感想を考える発問）

(7)　調べてカードに書いた児童作品（一例を示す）

いきもののなまえ　「オニカサゴ」
ばしょ　　さんごしょうのいわば
からだ　　いわにそっくりなごつごつしたからだをしています。
かくれかた　からだのいろが、まわりとにたようないろになります。
かんそう　オニカサゴのからだは、ほんもののいわとみまちがえてしまうほどごつごつしていて、すごいです。

(8)　評価

①　進んで読んだり、図鑑や科学読み物で調べたりできている。
②　各段落をキーワードで読み取り、読み取った内容を友達に伝わるように話している。
③　主語と述語の関係や、漢字の読み方に注意して文章を読んでいる。

(9)　成果と課題

①　キーワードを取り出すことを中心において授業を組み立てていた。
②　発問が明快で、授業がテンポよく進んだ。
③　「体にはどんな特徴がありますか」という発問は、1年には難しい。「体のどこの部分が書かれていましたか」など、発問の仕方に工夫が必要である。

2年の実践事例

(1) 単元名　つたえたいことを　はっぴょうしよう（平成二十七年度・令和二年度）

教材名「大すきなもの、教えたい」（平成二十七年度　光村図書2年下）

「楽しかったよ、二年生」（令和二年度　光村図書2年下）

(2) 教材の特徴

① 「つたえたいことを　はっぴょうしよう」は、「話すこと・聞くこと」の単元で、スピーチを想定している。

② 二つの「なか」で具体的な事例を挙げて、「はじめ・なか1・なか2・まとめ」の文章構成で、口頭作文を2回行う計画を立てた。

③ 友達からの質問に答えることで、「なか」を詳しく考えさせる。

(3) 指導目標

① 伝えたいことについて、必要な材料を集め、話す順序を考え、丁寧な言葉づかいで話すことができる。

② 一音一音を、はっきりと発音し、相手に届く音量で話すことができる。

(4) 指導計画（全4時間）

第1時　大好きなことやお気に入りのものについて考え、発表したいものを選ぶ。

第2時　「まとめの表」にキーワードを書く。
第3時　発表名人になるためのポイントを確かめて、1回目の発表をする。
第4時　質問されたことを基に「なか」を詳しくして、2回目の発表をする。

(5) 「名人のはっぴょうメモ」

文章構成	段落	キーワード
はじめ	①	水えい
なか1	②	クロール
なか2	③	せおよぎ
まとめ	④	いろいろなおよぎ方にちょうせん

(6) 第3時の主な発問・指示

① 一人ずつ発表メモを見ながら発表をします。発表が終わったら、一人が質問をします。質問が終わったら、次の人と交代です。発表が終わったら拍手をしましょう。（発表の仕方を指示）

② 発表名人になるためのポイントは二つあります。一つ目は、声の大きさです。みんなに聞こえる声の大きさで発表しましょう。二つ目は、「です」「ます」を使うことです。丁寧な言葉を使って発表しましょう。（発表の仕方と学習目標の提示）

(7) 「だいすきなもの、つたえたい」口頭作文

① キーワード

①バッティング
2しゅび
3グランド
④大会
5フライがとれる
6れんしゅう

② 口頭作文（1回目）

ぼくは大好きな野球のことを発表します。（はじめ）
ぼくは、バッティングが得意です。（なか1）
大会で打てました。（なか2）
もっと打てるようになりたいです。（まとめ）

③ 口頭作文（2回目）

ぼくは大好きな野球のことを発表します。（はじめ）
ぼくは、ボールを目でしっかり見てるから、バッティングが得意です。（なか1）
この前の大会で打ちました。その大会は勝てました。（なか2）
もっと力が強くなって、もっと打てるようになりたいです。（まとめ）

(8) 評価

① 伝えたいことについて、必要な材料を集め、話す順序を考え、丁寧な言葉づかいで話している。
② 一音一音を、はっきりと発音し、相手に届く音量で話している。

(9) 成果と課題

① 授業者が模範となる口頭作文を提示し、児童全員が発表できた。
② 児童は、二つの異なる「なか」を発表できていた。
③ 同じ児童が何回も質問をしていた。順番に質問させることで質問の仕方を全員に指導できる。

3年の実践事例

(1) 単元名　段落の中心となる言葉や文をとらえて読もう（平成二十七年度）

話題と、例の書かれ方をとらえよう（令和二年度）

教材名「すがたをかえる大豆」（光村図書3年下）

(2) 教材の特徴

① 「すがたをかえる大豆」は事例列挙型の論理的文章である。
② 文章構成は、「はじめ・なか・まとめ」になっている。
③ 段落ごとのキーワードを調べる活動を中心に行う。

(3) 指導目標

① 大豆のいろいろな活用方法を説明している文章に興味をもって、進んで読むことができる。
② 「段落」を理解し、その内容に基づいて文章全体の構成を理解することができる。
③ 適切な言葉を用いて、感想を伝えることができる。

(4) 指導計画（全4時間）

第一次　第1時　一斉音読を繰り返し、内容のあらましをつかむ。
第二次　第2時　全文を一斉音読する。文章構成と各段落のキーワードを調べる。
　　　　第3時　文章構成と各段落のキーワードをまとめる。

第4時　教材文全体についてのいくつかの課題に答え、感想を発表する。

(5)「すがたをかえる大豆」の文章構成表

文章構成	段落	キーワード	
はじめ	①②	大豆	
なか1	③	その形のまま	豆まき　に豆
なか2	④	こな	きなこ
なか3	⑤	えいよう	とうふ
なか4	⑥	小さな生物	なっとう　しょうゆ　みそ
なか5	⑦	時期　育て方	えだ豆　もやし
まとめ	⑧	いろいろなすがた	

(6) 第2時の主な発問・指示

① ①段落目と②段落目で、何度も登場したものの名前が「はじめ」のキーワードです。「はじめ」のキーワードは何ですか。(「はじめ」のキーワードを見つける発問)【解　大豆】

② 「なか」に共通することが「まとめ」に書かれていましたね。「まとめ」は何段落ですか。(「まとめ」の段落を見つける発問)【解　⑧段落】

③ 「なか1」では、大豆を食べるときの形がキーワードです。どんな形で食べますか。(「なか1」のキーワードを見つける発問)【解　その形のまま】「その形のまま」を赤鉛筆で四角で囲みましょう。

④　粉に引いた大豆は何になりますか。（「なか2」の食品名を見つける発問）【解　きなこ】

(7)　評価

①　大豆のいろいろな活用方法を説明している文章に興味をもって、進んで読もうとしている。
②　「段落」を理解し、その内容に基づいて文章全体の構成を理解している。
③　適切な言葉を用いて、感想を伝えている。

(8)　成果と課題

①　指導事項を段落、文章構成、キーワードに絞って「読む」学習を4時間で計画した。
②　音読を重視して、すらすら一斉音読を繰り返し行い文章の理解を深めることができた。
③　発問・指示の言葉をもっと精選した方がよい。

4年の実践事例

(1)　単元名　段落どうしの関係をとらえ、説明のしかたについて考えよう（平成二十七年度）
筆者の考えをとらえて、自分の考えを発表しよう（令和二年度）

教材名　「アップとルーズで伝える」（平成二十七年度　光村図書4年下・令和二年度　光村図書4年上）
「『クラブ活動リーフレット』を作ろう」（平成二十七年度　光村図書4年下）
「キョウリュウをさぐる」（読書のまち埼玉県三郷推進資料「言葉の力」中学年用から）

＊　令和二年度教科書では、「アップとルーズで伝える」の前に練習教材「思いやりのデザイン」が掲載されました。「『クラブ活動リーフレット』を作ろう」はありません。「アップとルーズで伝える」の後には、考え（「まとめ」）に合う具体的事例（「なか」）を選ぶという観点で情報に関する短い教材、「考えと例」が1頁載っています。

(2) 教材の特徴

① 「アップとルーズで伝える」は、「はじめ・なか1・なか2・まとめ・むすび」の文章構成になっている。

② 「キョウリュウをさぐる」は「はじめ・なか1・なか2・なか3・まとめ」の文章構成になっている。

③ 「クラブ活動リーフレット」では、「はじめ・なか1・なか2・まとめ」の文章構成で書かれた、書くためのよいお手本教材を示している。

(3) 指導目標

① 写真と文章を対応させたリーフレットの書き方について関心をもつことができる。

② 書こうとすることの中心を明確にして、写真と文章を対応させながら、段落相互の関係に注意して文章を書くことができる。

③ 句読点を適切にうち、段落の始めなど必要な個所は行を改めることができる。

(4) 指導計画（全10時間）

第一次　第1時　自分が活動するクラブのよい点を考える。単元の見通しをもつ。

第二次　第2時　「アップとルーズで伝える」の全文を音読する。
第3時　「アップとルーズで伝える」のキーワードを文章構成表に整理する。
第4時　「アップとルーズで伝える」を読んだ感想を発表する。
第5時　「キョウリュウをさぐる」のキーワードを文章構成表に整理する。
第6時　練習教材や文章構成クイズに取り組む。
第三次　第7時　「なか1・なか2・まとめ」の組み立てを考え、「まとめの表」を書く。
第8時　「まとめの表」を基に、一次原稿を書く。一次原稿を基に二次原稿を書く。
第9時　「クラブ活動リーフレット」を完成させる。
第四次　第10時　「クラブ活動リーフレット」を紹介し合う。

(5)「アップとルーズで伝える」の文章構成表

文章構成	段落	キーワード
はじめ	①②③	アップとルーズのちがい
なか1	④	アップ……細かい部分の様子
なか2	⑤	ルーズ……広いはんいの様子
まとめ	⑥	伝えられることと伝えられないこと
むすび	⑦⑧	目的にいちばん合うものを選んで使う

「一人で、みんなで、楽しい一輪車クラブ」の文章構成表

文章構成	段落	キーワード
はじめ	①	一輪車クラブ
なか1	②	わざを練習
なか2	③	息の合った動き
まとめ	④	一輪車に乗ることを楽しむ

(6) 第3時の主な発問・指示

① ①段落で説明している写真を指さしましょう。（文章と写真とを対応するための発問）

② アップの写真はどちらですか。教科書の写真の上に「ルーズ」「アップ」と書きましょう。

（写真とキーワードを対応するための指示）

③ アップで伝えられる様子は、どのような様子ですか。（「なか1」のキーワードを見つける発問）【解　細かい部分の様子】

④ ルーズで伝えられる様子は、どのような様子ですか。（「なか2」のキーワードを見つける発問）【解　広いはんいの様子】

(7) クラブリーフレット（児童の作品）

①　キーワード表

1　楽器えらび
②　アルトホルン
③　みんなでえんそう
4　運動会発表
5　３６５日の紙飛行機
6

②　まとめの表

なか1	アルトホルン
なか2	みんなでえんそう
まとめ	楽器をえんそうして楽しめる

【考察】

1　「なか1」と「なか2」に合う写真を使って、分かりやすく説明を書いている。
2　一段落一事項で自分の体験を書いている。
3　これからクラブを選ぶ3年が説明の対象であることを意識して書いている。
4　説明の文章のため、二次原稿では、常体の文を敬体に変えて書いている。

③　一次原稿

はじめ	
なか1	私は、アルトホルンをえんそうしている。
なか2	みんなとえんそうした。
まとめ	このように、楽器をえんそうして楽しめる。

④　二次原稿　評価「優秀」

題名「みんなでえんそう器楽クラブ」

はじめ	器楽クラブは、みんなでえんそうするクラブです。
なか1	私は、アルトホルンをえんそうしています。アルトホルンはトランペットとはちがい、音が低いし、形が大きいです。写真①を見て下さい。写真①は、アルトホルンです。吹上小にはアルトホルンが三つあります。
なか2	写真②を見て下さい。この写真は、校内音楽会の練習をみんなでやっているところです。器楽クラブでは、写真のように、みんなでえんそうをしています。器楽クラブがえんそうを発表したのは、運動会、校内音楽会、十一月九日にあった吹上小特色発表「らら ぽーと」でのえんそうなど、たくさんあります。
まとめ	このように、器楽クラブに入れば楽器をえんそうして楽しむことができます。
むすび	みなさんもぜひ、器楽クラブに入ってみて下さい。

(8) 評価

① リーフレットの書き方について、関心をもっている。

② 書こうとすることの中心を明確にして、写真と文章を対応させながら、段落相互の関係に注意して文章を書くことができている。

③ 句読点を適切にうち、段落の始めなど必要な個所は行を改めることができている。

(9) 成果と課題

① 教材を繰り返し音読することで、各段落のキーワードを見つける学習に児童が集中していた。

② 複数の教材を学習することで、「文章構成、段落、キーワード」の理解を深めることができた。

③ キーワードを挙げ、「まとめの表」、一次原稿、二次原稿と学習を進めることで、全員が段落を分けて、クラブ活動リーフレットを仕上げることができた。

④ 「アップとルーズで伝える」では、キーワードを取り出す発問が単調になってしまった。次の「キョウリュウをさぐる」では、キーワードを黒板に書くことや、内容に関するヒントを出すことなどの工夫をした。

⑤ 「なか」を具体的な記述にするための手立てが課題である。

5年の実践事例

(1)　単元名　考えを明確にして提案する文章を書こう（平成二十七年度）
事実と感想、意見とを区別して、説得力のある提案をしよう（令和二年度）
教材名　「明日をつくるわたしたち」（平成二十七年度　光村図書5年）
「提案しよう　言葉とわたしたち」（令和二年度　光村図書5年）

＊令和二年度版は、一人で提案する文章を書いて、スピーチする「話す・聞く」単元に変更されました。

(2)　教材の特徴

①　教材「明日をつくるわたしたち」は、身の回りにある問題についてグループで話し合い、話し合ったことを基に、グループで提案を書くという教材である。

②　より身近な話題で、児童の体験から提案を考えることができるように、「たてわり活動」と「クラス遊び」の二つのテーマを設定した。

③　本実践では、全員が説得力のある提案を書くことに力点を置いて、「はじめ・なか1・なか2・まとめ」の文章構成で2回提案を書くという計画を立てている。

(3)　指導目標

①　提案の書き方について、構成や表現の仕方などに関心をもつことができる。

② 自分の身の回りにある問題について、解決のための提案を書くことができる。
③ 文の意味が明確になるように語句や文のつながり、表記による効果の違いを考えて書くことができる。

(4) 指導計画（全8時間）

第一次　第1時　「たてわり活動をよりよくするために」をテーマに、縦割り活動の課題を考える。「まとめ」につながる「なか」（改善案）を書き出す。
　　　　第2時　「まとめの表」を書く。
　　　　第3時　一次原稿を書く。
　　　　第4時　二次原稿を書く。
第二次　第5時　「たてわり活動をよりよくするために」の提案を評価する。「よりよいクラス遊び」をテーマに、クラス遊びの課題を考える。「まとめ」につながる「なか」（改善案）を書き出す。文章構成クイズを行う。
　　　　第6時　「まとめの表」を書く。一次原稿を書く。
　　　　第7時　二次原稿を書く。
　　　　第8時　「よりよいクラス遊び」の提案を評価する。

(5) 「ちいきとのつながりを強くしよう」の文章構成表

文章構成	段落	キーワード
はじめ	①	ちいきの方と関わる機会を増やす
なか1	②	あいさつ運動
まとめ	③	ちいきの方との協力が大切
なか2	④	防災訓練
むすび	⑤	同じ目的のために何かをいっしょにする

＊「なか1」の後に「まとめ」が入っている。

(6) **第6時の主な発問・指示**

① 「よりよいクラス遊び」をするために、前回は「まとめ」に対する「なか1・なか2」をキーワードで考えましたね。今日は、一次原稿を書きます。（本時の学習内容）

② Aさん、Bさん、黒板に「なか1・なか2・まとめ」を書いてきましょう。（板書の指示）

③ Aさんの文を見てみましょう。（音読しながら）課題を解決するための具体例が「なか1・なか2」に書かれていて、組み立てが一貫していますね。（組み立てに対する評価）

④ Bさんはどうでしょうか。「なか1」と「なか2」の両方からいえる「まとめ」を書いていますね。（「まとめ」に対する評価）

(7) 提案「よりよいクラス遊び」

① キーワード表

1 けんか
② やる気がない人
③ 自己中心的な人
4
5
6

② まとめの表

なか1	やる気がない人がいる
なか2	自己中心的な人がいる
まとめ	周りを気づかって遊んでくれた人を皆で発表し合うルール

【考察】

1 「やる気がない人」と「自己中心的な人」がいることがけんかの原因である、とよく整理して捉えることができている。

2 一文が短く、分かりやすい文章を書いている。

3 「まとめ」に「むすび」の内容が入り込んでいるが、5年の発達段階を考え、これでよしとする。

③ 一次原稿

はじめ	クラス遊びをよりよくするには、けんかをなくすことだ。
なか1	やる気がない人がいる。
なか2	自己中心的な人がいる。
まとめ	周りを気づかって遊んでくれた人を発表し合うルールを作ることを提案する。

④ 二次原稿　評価「優秀」

題名「ルールを作ってけんかをなくす」

はじめ	クラス遊びをよりよくするには、けんかをなくすことが私のクラスの課題だ。
なか1	クラスには、やる気がない人がいる。自分のきらいな遊びだからといって、適当にやると注意され、そこからけんかになっている人を見たことがある。やる気がない人が一人いるだけでけんかになり、遊ぶ時間がなくなってしまう。これではクラスの仲が悪くなってクラス遊びの意味がなくなる。
なか2	クラスには、自己中心的な人がいる。「自分がよければそれでいい」と思っている人がルールを守らない。皆のことを考えずに自己中心的な人がいると、けんかが始まって、泣く人が出てくる。けんかがひどいと先生にもめいわくをかけてしまう。気を使える人と使えない人で分かれているのだ。
まとめ	この二つのことから、私は、周りを気づかって遊んでくれた人を、遊びの終わりに皆で発表し合うルールを作ることを提案する。

(8) 評価

① 提案の書き方について、構成や表現の仕方などに関心をもっている。
② 自分の身の回りにある問題について、解決のための提案を書いている。
③ 文の意味が明確になるように語句や文のつながり、表記による効果の違いを考えて書いている。

(9) 成果と課題

① 「まとめ」に合った「なか」を選ぶという書き方を児童がよく理解できていた。
② 文章構成クイズを作成し、書き方を教えた。
③ 板書添削を試みたところ、繰り返し児童が板書を書くことに取り組むことに書き慣れてきた。
④ いかに素早く、児童を待たせず、全員の児童を授業の中で評価していくか、机間指導の○のつけ方が課題である。
⑤ 提案は、主張・意見を書くので「むすび」とし、提案の理由となる事柄を「まとめ」とすると、すっきりとする。文章の構成の仕方が課題である。

6年の実践事例

(1) 単元名　意見を聞き合って考えを深め、意見文を書こう（平成二十七年度）
具体的な事実や考えをもとに、提案する文章を書こう（令和二年度）

教材名　「未来がよりよくあるために」（平成二十七年度　光村図書6年）
「私たちにできること」（令和二年度　光村図書6年）

＊令和二年度は「書くこと」に絞った単元に変更されました。身の回りにある具体的事例を基に提案する文章を書くという単元になりました。

(2) 教材の特徴

① 本単元は、「話すこと・聞くこと」と「書くこと」の複合単元である。
② 考えたことを交流し合い、質問や助言をすることで互いの考えを深め、自分の立場を明確にしながら、説得力のある文章を書くことをねらいとしている。
③ 平和や環境問題に興味関心をもってもらい、自分の暮らしを見つめ直してほしいという意図がある教材である。

(3) 指導目標

① 意見文の書き方について、構成や表現の仕方などに関心をもつことができる。
② 互いの考えの違いや意図をはっきりとさせ計画的に話し合うことができる。
③ 話し合いで深めた考えをもとに、構成を工夫して、自分の意見を明確に伝える文章を書くことができる。

(4) 指導計画（全8時間）

第一次　第1時　資料「平和のとりでを築く」と教師のモデル文を読み、感想をもつ。
　第2時　「未来がよりよくあるために」をテーマに、現在の社会の課題を考える。ブレーンストーミングを用いて具体的に課題を出させる。

第二次　第3時　「どのような未来にしたいか（テーマ）」に対して、どのようなことをすれば改善が図れるかを考え、キーワードで書き出す。（「むすび」のキーワード）

第4時　「なか」を書き出す。

第5時　「まとめの表」を書く。

第三次　第6時　一次原稿をグループで発表し、質問や助言をし合う。

第7時　一次原稿を基に二次原稿を書く。

第8時　二次原稿を改善し、完成させる。

(5) 教師作成の例文　文章構成　テーマ「海洋汚染を防ぐ」

文章構成	段落	役割	キーワード
はじめ	①	課題	プラスチックごみが海洋汚染の原因
むすび	②	主張	プラスチックストローや袋を使わない
なか1	③	根拠となる出来事・体験	クジラの胃の中からプラスチックごみが出てきた
なか2	④	反論 反論に対する回答	（　　） （　　）
まとめ	⑤	「なか」のまとめ	プラスチックを使わないことが一番の対策

＊「なか２」の解答例

〈反論〉　プラスチック類を使わないことが本当に可能か〈視点Ⅱ〉

〈反論に対する回答〉マイバッグやマイペットボトルを持ち歩く

⑹　第６時の主な発問・指示

①　今日は、「なか」の説得力がさらに増すようにグループで意見交換を行います。今日の話し合いを基に「なか２」「予想される反論とそれに対する考え」を書けるようにします。〈本時の目標〉

②　意見文の「むすび」（主張）への反論の視点は次の３点です。読みましょう。「Ⅰ　理由を……」ハイ。〈反論の三つの視点、Ⅰ　理由を問う視点〈なぜ○○するのか〉、Ⅱ　実現可能かを問う視点〈小学６年の現在の自分にできることで、継続可能かなど〉、Ⅲ　重要性を問う視点〈効果があるか。○○より、もっとよい方法はないか〉〉〈反論の視点を音読する指示〉

③　例文を読み、どんな反論があるか考えましょう。みんなの意見を視点ごとに整理してみます。意見を発表しましょう。〈反論の仕方を学習する指示〉

④　Ａさんは、視点Ⅰに立った意見ですね。Ｂさんは、視点Ⅲに立った意見ですね。〈意見を評価〉

⑤　友達の意見文に対する疑問や反論を発表し合いましょう。それらの疑問や反論が、どの視点に立った意見なのか明確にして、反論に正対できるように回答方法を考えましょう。

(7) 意見文「未来がよりよくあるために」

① キーワード表

① 日本の食品ロスの量…年間六百四十三万トン
2 世界の食料廃棄量…年間約十三億トン
3 一般廃棄物の処理に要する経費…二兆円
4 無駄にしないという意識
5 期限の確認
⑥ 必要な分を買って食べきる

② まとめの表

なか1	日本の食品ロスの量
なか2	まとめ買いをさける
まとめ	食べられる分だけ買う

【考察】

1 「なか2」では、反論に対してどうすればよいかを分かりやすく書いている。
2 「まとめ」に書いている「料理や買い物前に、冷ぞう庫を確認し、消費期限を見る」ことについて、具体的な事例が書けるとよい。
3 調べたことをもとに、自分のこととして、事例をどれだけ具体的に書くことができるかが大切である。

③ 一次原稿

なか1	日本の食品ロスの量は、年間六百四十三万トンである。
なか2	一人一人がまとめ買いをさける。
まとめ	食べられる分だけ買う。

④ 二次原稿　評価「優秀」

題名「食品ロスを防ぐ」

はじめ	現在、日本国内で食品ロスが問題となっている。
むすび	私は、食品ロスを防ぐためには、自分たちが食べられる分だけを買うようにすることが大切だと思う。
なか1	日本国内で、食べる事ができるのに、捨てられる食品の事を「食品ロス」という。日本の食品ロスの量は、年間六百四十三万トンで一人あたり、五十一キロもある。日本の「食料自給率」は、三十八パーセントと低い。食料を多く輸入していてもたくさんの食料を無駄にしているのだ。また、世界の食料廃棄量は、年間約十三億トンで、食料のおよそ三分の一が廃棄されている。私達が無駄な買い物をすればするほど、日本の食料輸入は増え、ロスも無駄も増えるのだ。
なか2	まとめ買いをして、くさってしまったら、どうすればいいのかわからない人もいるのではないか。私達は、食べても残して、それを捨てるのが、あたり前になっている人もいる。でも、ラップをしたり、タッパーに入れて食べたり、冷やすこともできる。一人一人がまとめ買いをさけて、少し余ってしまうくらいにしていけば、食品ロスをさけることが可能だ。だが、冷やしていて、いつの間にかくさっていることはないだろうか。そういうのが、「食品ロスの元」だ。そのようなことがないように、私達が日々、食品ロスを防ぐことを意識するのだ。
まとめ	このように、食品ロスを考えたときに、料理や買い物前に、冷ぞう庫を確認し、消費期限を見ることが、今私達にできる、一番の対策だ。
むすび	だから私は、まとめ買いを減らし、食べられる分だけ買ったり、食べ残しを減らしていきたい。

(8) 評価

① 意見文の書き方について、構成や表現の仕方などに関心をもっている。

② 互いの考えの違いや意図をはっきりとさせ、計画的に話し合っている。

③ 話し合いで深めた考えをもとに、構成を工夫して、自分の意見を明確に伝える文章を書いている。

(9) 成果と課題

① 反論の視点を三つ示したことで、話し合いが深められた。

② 友達の主張に対する疑問や反論を事前に書くためのワークシートを作成した。そのため、すぐに、グループでの話し合いができた。

③ 平和や環境問題がテーマだったため、調べる活動に時間がかかった。より身近で具体的なことととして、課題を捉えさせることに苦労した。

④ 意見文の文字数が８００字だったが、小学6年には長かった。調べたことを長々と引用するなど、文章が散漫になる児童もいた。

⑤ 抽象的なテーマを、具体的に書く学習方法が課題である。

●第五章● 口頭作文の実践

論理的思考力を伸ばし、話す・聞く力をつける口頭作文の実践について述べます。

1 指導方法

口頭作文指導では、段落とキーワード・文章構成・具体的事例の話し方を年間を通して指導します。指導方法は次の5点です。

(1) 共通のテーマを示します。
(2) 「はじめ・なか1・なか2・まとめ」という文章構成で口頭作文を指導し、評価します。
(3) 発表に対して口頭で添削指導を行い、必要があれば言い直しをさせます。
(4) 「はじめ」は、言い方を示して統一し、「なか」の具体的事例を自分の体験の中から選択させて話をさせます。
(5) 口頭作文指導の最後に、評価の言葉を言います。

1年は共通のテーマがあり、朝の会で日直が二人ずつ発表します。発表者は「はじめ・なか1・なか２・まとめ」という文章構成で話します。２年は口頭作文の発表者を一人にして、二名の児童が質問をします。質問者は席の順に指名していきます。

２　口頭作文年間計画

月	1年 テーマ	1年 指導内容	2年 テーマ	2年 指導内容
4	お休み中にしたこと	経験したことの中から、二つ選んで話す。	自己紹介	得意なことを話す。
5			休み中にしたこと	経験したことの中から、二つ選んで話す。
6	運動会	「はじめ」の言葉を統一し、二つの事柄を選んで話す。		二人から質問を受ける。
7	1学期頑張ったこと	「はじめ・なか1・なか2・まとめ」を指導する。	1学期頑張ったこと	心に残ったことを二つ選んで話す。
9	夏休みにしたこと	二つの事柄を選んで話す。	夏休みの思い出	一行日記から二つ選んで話す。
10	お手伝い①	お手伝いについて話す。	休み中にしたこと	
11	一日を振り返って	帰りの会で話す。	本の紹介	本を一冊紹介する。
12	2学期頑張ったこと	2学期を振り返って、頑張ったことを二つ選んで話す。	2学期を振り返って	心に残ったことを二つ選んで話す。
1	冬休みにしたこと	二つの事柄を選んで話す。	冬休みの思い出	一行日記から二つ選んで話す。
2	お手伝い②	「なか」を二文で話す。	休み中にしたこと	人数や具体的な場所などを詳しく話す。
3	3学期頑張ったこと	3学期を振り返って、頑張ったことを二つ選んで話す。	できるようになったこと	一年間を振り返ってできるようになったことを二つ話す。

3　指導の実際

口頭作文を具体的にどのように添削指導したのか、五つの事例を紹介します。

(1)　事例1　言葉を引き出し組み立て方を教える添削・評価

Ｔ　授業者の発問・指示・添削　Ｃ　児童の言葉（以下同様）

次の事例は、言葉がなかなか出てこない児童に対して、授業者が質問して、言葉を引き出している事例です。口頭でのやり取りの中で文章の組み立て方を教えています。

Ｔ　お休みの時にしたことを話しましょう。
Ｃ　お休み中に、バーベキューをしました。……
（沈黙）
Ｔ　バーベキューで何を食べましたか。
Ｃ　………（沈黙）
Ｔ　お肉を食べましたか。
Ｃ　（うなずく）
Ｔ　野菜も食べましたか。
Ｃ　（うなずく）

Ｔ　では、こう言いましょう。
お休み中にバーベキューをしました。（はじめ）
お肉を食べました。（なか１）
野菜を食べました。（なか２）
Ｃ　（まねをして言う）
Ｔ　おいしかったですか。
Ｃ　おいしかったです。（まとめ）
Ｔ　とっても上手に話せました。

1年の児童にとっては、自分が体験したことを言葉で言い表すのはとても大変な学習です。そこで、「なか」で話す二つの事柄を授業者の質問によって児童から引き出しています。「おいしかったですか。」と感想を聞き、「まとめ」の言葉が言えるように口頭で添削指導をしています。

(2) 事例2　つぶやきを文章化する添削・評価

次の例は、独り言のような話をどんどん始める児童の口頭作文への添削指導の様子です。

C　きのうね、Yちゃんの誕生日でね……。
T　Yちゃんって誰ですか。
C　Yちゃんって僕の弟。そんでね、プレゼントがね、プレゼントもらってね、今日もあげてね。
T　プレゼント○○さんがあげたんだ。
C　そう、プレゼントは僕があげたのね、そんで、今日もあげるの。
T　○○さんは、弟のYちゃんのことが大好きなんだね。

C　ううん、大好きじゃないの。かわいいの。今日も、ぼくが、また、プレゼントあげるの。
T　では、こう言いましょう。
昨日、弟のYちゃんの誕生日でした。（はじめ）
ぼくはプレゼントをあげました。（なか1）
今日もまたプレゼントをあげます。（なか2）
弟は、かわいいです。（まとめ）
C　（繰り返す）
T　とっても上手にお話ができましたね。

「きのうね、Yちゃんの誕生日でね」と、いきなり名前を聞いても、誰のことか聞いている人は分かりません。家庭内では通用する会話でも、学校という社会の中では通用しません。そこで、授業者からの質問によって、児童の弟であることを明らかにし、児童が言いたいことをみんなに分かるように伝える話し方を指導しています。

(3)　事例3　一文を短くする添削・評価

話し方の指導を受けていない児童は、いくつもの事柄を、切れ目なく続けて話してしまいます。そこで、文を分けて、一文ずつ短くする言い方を口頭で添削指導しました。

C　お休み中に遊園地に行って、それからジェットコースターに乗って……それから……。

T　「お休み中に遊園地に行きました。ジェットコースターに乗りました。」と言いましょう。

C　お休み中に遊園地に行きました。（はじめ）

ジェットコースターに乗りました。（なか1）

観覧車に乗りました。（なか2）

楽しかったです。（まとめ）

T　遊園地でしたことを二つ上手にお話できましたね。

「遊園地に行って、それからジェットコースターに乗って……」と自分がしたことを思い出して、次々と言葉に出して話しています。そこで、「お休み中に遊園地に行きました。」と一つの事柄を一文で表現する言い方を実際にその場で授業者が文を言って、口頭で教えました。この口頭での添削の様子をみんなの前で言い、聞くことで、一文で短く言う話し方を他の児童も一緒に学ぶことができます。

(4)　事例4　キーワード確認による文章構成の添削・評価

次の事例は2年の口頭作文です。2年は口頭作文の後、聞いていた児童2名から質問を受けます。この事例では、話に詰まる児童に対して、どのような言葉をかけると具体的な話ができるようになるのかが分かります。

T　授業者の発問・指示・添削　C　発表児童の言葉　Q　質問児童の言葉（以下、同様）

C　土曜日にしたことを二つ話します。おばあちゃんちに行きました。おばあちゃんと買い物をしました。……（沈黙）（はじめ）
T　何を買いましたか。
C　お弁当を買いました。（なか1）
（少し考えてから、すぐに）パンを買いました。（なか2）
楽しかったです。（まとめ）
Q1　パンって何パンですか。
C　チョコレートのパンと……普通のパンです。
T　普通のパンっていうのは、食パンですか。
C　そうです。食パンです。
Q2　お弁当には、ご飯は入っていましたか。
C　はい。入っています。

T　キーワードを確認します。「はじめ」のキーワードは何ですか。
全　（口々に）土曜日にしたこと。おばあちゃんち。買い物。
T　いろいろ出てきましたが、「はじめ」のキーワードは、買い物です。「なか1」のキーワードは、何ですか。
全　（声をそろえて全員で）お弁当。
T　正解です。「なか2」のキーワードは何ですか。
全　（声をそろえて全員で）パン。
T　正解です。よく分かりましたね。すばらしいです。キーワードは、「はじめ」買い物、「なか1」お弁当、「なか2」パン、「まとめ」楽しかった、ですね。

「おばあちゃんと買い物をしました。」と「はじめ」の言葉を言った後の沈黙は30秒程続きましたが、

「何を買いましたか。」という質問で、買った物を二つ思い出して話すことができました。「なか1・なか2・まとめ」のキーワードを確認することで、キーワードと文章構成を指導しています。キーワードの確認は、1年の3学期から少しずつ行っています。

(5) 事例5 「なか」がより詳しくなる質問を評価

同じく、2年の口頭作文です。児童の質問によって「なか」が詳しくなっています。

C　土日にしたことを二つ話します。　　（はじめ）
　土曜日に、おばあちゃんちに行きました。おばあちゃんと一緒にオセロをしました。　（なか1）
　日曜日に習字に行きました。私は硬筆をやりました。　（なか2）
　楽しかったです。　（まとめ）
Q1　オセロの色は、黒と白どっちでしたか。
C　黒です。
Q2　オセロは勝ちましたか、負けましたか。
C　勝ちました。
T　二つとも、とてもいい質問ですね。おばあちゃんちでオセロをした様子が詳しく分かりましたね。

　お話もとっても上手でした。土曜日と日曜日にしたことを一つずつ話してくれましたね。
T　キーワードを確認します。「はじめ」は。
全　土日にしたこと。
T　「なか1」。
全　おばあちゃんち。
T　「なか2」。
全　習字。
T　「まとめ」。
全　楽しかった。
T　正解です。

二つの質問によって「なか1」がより詳しくなりました。このような質問も初めからできたわけではありません。質問に対する指導も、口頭作文添削指導の中で行ってきました。この事例で示したように、キーワードの確認は、テンポよく尋ね、答えさせています。

4 口頭作文の成果と課題

(1) 成果

入学したばかりの1年から継続して、構成の整った口頭作文を指導してきました。その結果、2年の終わりには、具体的事例を二つ選んで、まとまりのある話をすることができるようになりました。また、「はじめ・なか1・なか2・まとめ」で話した後、キーワードの確認ができるようになりました。キーワードの確認ができるということは、話す方も、キーワードで話を組み立てているということです。

そして、質問の仕方も上手になりました。「なか」を詳しくするような質問ができるようになりました。質問して答えてもらっただけで終わるのではなく、例えば「おばあちゃんちで楽しくオセロができてよかったですね。」のように、感想も言えるようになりました。

口頭作文の添削指導を継続して指導することで、基本的な話し方がしっかりと身につきました。

⑵ 課題

さらに「なか」をもっと詳しく話すには、児童が行ったことを事前にメモしてくるなど、準備が必要です。実際、話すことに不安がある児童は、あらかじめメモしてきて、メモを見ながら発表していました。

構成に気をつけた口頭作文の指導を、他の学年にまで広げて、校内全体の実践にするところまでは取り組めませんでした。中・高学年で口頭作文を実践した場合、どのような課題があるのかなどを調べるために、全学年で取り組むことが課題です。

●第六章●　学校研究の成果と課題

1　成果

本校では2年間、段落・キーワード・文章構成を核として、論理的文章の指導について研究に取り組んできました。教材文を音読し、段落番号を振り、各段落のキーワードは何かを考え、そして、文章構成表をつくる、という教材研究を皆で共有することができました。

教科書教材は、一段落一事項の原則が守られていない教材があり、キーワードの選定に悩み、文章構成をどう捉えるのか試行錯誤しました。

論理的文章を「読むこと」や「書くこと」だけでなく、「話すこと・聞くこと」にまで、広げて学び合い、学校研究に取り組むことができました。

すらすら一斉音読をどこの教室でも、どの教科においても実践するようになりました。また、論理的文章を書く指導と文学的文章を書く指導を分けて指導できるようになりました。

学校研究に取り組んだ結果、学力テストで全国平均を上回るなど、学力の向上を図ることができました。

2　課題

各段落のキーワードを一つに選定できない教材に対して、どのように指導すればよいのか、迷い混乱を来たすことがありました。このような教材に対して、リライトの試みや、別のお手本となる教材を作成するなどの教材研究が必要です。本書の50頁資料編に掲載しているようなドリルの活用と、その効果の検証も今後の課題です。

「書くこと」については、小論文の具体的事例の書き方とその評価の仕方が課題です。小学校低学年では、感想であるのか、事実であるのか、どこまでを許容範囲とするかなど、評価基準を明確にすることが課題です。

【研究のまとめ】

埼玉県三郷市立吹上小学校長　岡田　範男

本校は、平成三十年度・令和元年度の二年間、市の「学力向上推進研究」の研究委嘱を受け、十分に満足のいく研究には至ってないと存じますが、これまで全力で取り組んでまいりました。

令和二年度、小学校は新学習指導要領全面実施の年であり、移行期である今は、授業改善は一例ですが、様々な取組で先行実施されている段階といえます。そのような中、この研究に携われたことは大変喜ばしいことですし、多くの場面で研究成果が生かされていくものと信じております。

現在、学校経営の柱として、健康（命）を前面に出しています。知・徳・体の調和のとれた児童、そして、「生きる力」を育成することは、最終的には、自分自身や人々の健康（命）に繋がるに違いありません。これらを考えると、、研究主題（副題）である「論理的な表現力を高めること」、それらを通して学力を向上させることは、「生きる力」の育成・健康には大いに関連しているといえます。

実践を重ねる中で、児童一人ひとりが学習や諸活動等で意欲的に取り組んでいる姿、「自身の向上」を考え、真剣な態度で努力する姿が、以前より増して顕著になってきました。このような児童の変容は、教職員が学習の意義を共有しつつ、「本校の児童に身に付けさせるべき力は何か、どうしたらその力を身に付けることができるのか」を常に考え、一丸となって取り組んだ結果だと思っております。

教職員は、今回の国語科を中心に据えた研究において、授業展開の仕方がより明確になり、発問や支援にも少しずつ自信が持てています。今後も授業実践を重ね、「論理的な表現力を高める指導法」を追究します。本研究が皆様方の国語科授業の工夫・改善に繋がる一助となれば幸甚です。

Ⅲ 学校研究2

——東京都台東区立東泉小学校

●第一章●　研究の概要

1　研究テーマ

東京都台東区立東泉小学校では、二〇一四年度から国語の研究をしてきました。二〇一四年度は学習環境を整え、「読むこと」「書くこと」「話すこと・聞くこと」の研究授業を6回行いました。二〇一四年度から一部の学級で小論文指導を始め、二〇一五年度からは全学級で指導を継続しています。二〇一六年度から論理的文章を読む・書く力の育成に取り組んできました。二〇一八・二〇一九年度は、「平成三十・令和元年度　台東区教育委員会研究協力学校」の委嘱を受け、研究を深めました。

各年度の研究テーマは次のようになります。

二〇一四年度　主体的に学ぶ児童の育成―国語科の学習を通して―

二〇一五年度　論理的な文章を書く力を育てる指導法の研究―小論文を書くことを通して―

二〇一六年度　思考力・表現力を育成する指導の工夫

二〇一七年度　思考力・表現力を育成する指導の工夫―論理的文章の読み方・書き方―

二〇一八年度　論理的思考力・表現力を育成する指導の工夫―「キーワード・段落の役割・文章構成」の学習指導を核として―
二〇一九年度　小論文指導で育成する論理的思考力・表現力―「文章構成・段落の役割・キーワード」を核として―

(1) 主題設定の理由

将来、社会で生きていくために必要な力として論理的思考力・表現力が挙げられます。特に、多くの情報から自分に必要な情報を取捨選択し、新たな考えを生み出して発信する力も必要になってきます。そのために、学校教育では論理的文章を読んだり書いたりする力を育成することが必要です。

本校の研究では、国語科を通して、論理的思考力・表現力を育成するための授業開発や年間カリキュラムに基づいた授業展開によって、児童にこれらの力を身につけさせたいと考え、二〇一九年度の研究主題を設定しました。

(2) 研究の仮説

二〇一九年度の研究では、仮説を「『文章構成、段落の役割、キーワード』を核として、小学生から小論文指導をすると、論理的思考力・表現力を育成することができる」と設定しました。

(3) 年間計画

二〇一八年度と二〇一九年度の研究内容を次に示します。各学年、年一回以上研究授業を行います。二〇一九年度は、一学期に一回、発表会当日に一回全クラス研究授業を実施しました。（教材は教育出版の教科書を使っています。「すがたをかえる大豆」は光村図書の教材です。）

月	二〇一八年度		二〇一九年度	
	研究内容	小論文のテーマ	研究内容	小論文のテーマ
4月	研究計画・小論文模擬授業		研究計画・小論文模擬授業	
5月	研究授業①「お手伝い」（6年）	お手伝い	研究授業 ①小論文「お手伝い」（5年） ②「ぼくの世界、君の世界」（6年）	お手伝い
6月		校外学習	研究授業 ③「リライト教材・古典・漢字」（3年） ④「すがたをかえる大豆」（3年） ⑤小論文「お楽しみ会」（4年） ⑥「花を見つける手がかり」（4年）	校外学習
7月	研究授業②「すずめのくらし」（1年）		研究授業 ⑦口頭作文「東泉ランド」（1年） ⑧「すずめのくらし」（1年） ⑨小論文「係・当番活動」（2年） ⑩「すみれとあり」（2年）	
8月	研究推進委員会		研究推進委員会	

9月	研究授業③「くらしと絵文字」（3年）		本発表のための学習指導案検討	
10月	研究授業④「さけが大きくなるまで」（2年）	運動会	本発表のための学習指導案検討	運動会
11月	研究授業⑤「『便利』ということ」（4年）	創立130周年	本発表（全学年研究授業） 口頭作文「はたらくじどう車」（1年） 小論文「お手つだい」（2年） 「さけが大きくなるまで」（2年） 「リライト教材・古典・漢字」（3年） 「めだか」（3年） 小論文「お手伝い」（4年） 「ウミガメの命をつなぐ」（4年） 小論文「係・当番活動」（5年） 「世界遺産　白神山地からの提言――意見文を書こう」（5年） 小論文「係・当番活動」（6年） 「森林の働きと健康」（6年）	音楽会
12月			本発表のまとめ	
1月	研究授業⑥「世界遺産　白神山地からの提言――意見文を書こう」（5年）			
2月	研究の反省（成果と課題）	係・当番活動	研究の反省（成果と課題）	係・当番活動
3月	来年度の研究計画		来年度の研究計画	

2　6年間の研究内容

本研究は、小論文の書き方指導と論理的文章の読み方・書き方の指導を関連させることで、児童に論理的思考力・表現力を育成することを目的に進めています。全学年に共通のカリキュラムで系統的な指導をしています。研究授業は、発問・指示をせりふとして明記した学習指導案を作成して実施し、教師の指示や発問の検討ができるようにしました。「平成三十・令和元年度　台東区教育委員会研究協力学校」の委嘱を受け、「小論文指導で育成する論理的思考力・表現力―『文章構成・段落の役割・キーワード』を核として―」という主題で研究発表を行いました。

(1)　全校統一テーマで書く小論文指導

本校では、「お手伝い」「運動会」「係・当番活動」を全校の共通テーマにして、全クラスで小論文を指導しています。実際に体験したことの中から二つの具体的事例を選び４００字以内の小論文を書くことで、「文章構成・段落の役割・キーワード」についての理解を深め、論理的文章を「読むこと」「書くこと」に生かしています。

(2)　論理的文章の読み方・書き方の指導

小論文の書き方の学習と、論理的文章を読むことの学習との関連について研究しました。教科書には、段落数が多かったり、文章構成が複雑だったりする文章も多くあり、基本的な読み方を学習させるためには使いづらい教材があります。

そこで、「リライト教材」を全教職員で6学年分作成しました（私家版『国語科・論理的表現力を育成する教材集（小・中学校編）』二〇一八年、第2版二〇一九年）。リライト教材とは、①児童の作品を基にした短い文章、②教科書教材を小論文の文章構成に書き直した文章のことです。朝学習や自主学習、論理的文章の学習の始めに活用しています。

本校では、右のリライト教材を教師が作成し、教科書教材の前に授業をすることにしました（二〇一七年度～二〇一九年度）。リライト教材を読むことで、文章構成や段落の役割を考えること、キーワードを見つけることが児童に身につきました。これらが、論理的文章を読む学習の基本となりました。

リライト教材を終えてから、段落数が多く複雑な文章構成の教科書本文を読むことの学習に入ると児童が文章構成を考えたり、キーワードを見つけたりする力が高まることを確認しました。教科書教材では、形式段落を意味段落に分けることが学習事項になりました。意味段落に分けた後は、リライト教材と同じ学習過程で長文の教材を読むことができました。最後に、教科書教材に関連した内容で、学年に応じて、主語・述語に気をつけて説明する文、要点を含んだ文、要約、小論文の形式で意見文を書く等、論理的文章を書く学習の効果を検討する研究を行いました。

●第二章● 校内研究の重点項目

論理的文章の読み方・書き方について二〇一六年度から四年間研究を進めてきました。二〇一八年度・二〇一九年度の重点項目は次の3点です。

1 小論文を書く

小論文の学習は、論理的文章を「読むこと」「書くこと」の基本です。文章構成は、論理的文章の基本構成である「はじめ・なか1・なか2・まとめ・むすび」（市毛勝雄『国語科教育の授業改革論』明治図書、一九九八年、70頁）とし、1年から6年まで共通です。一段落一事項の原則を守り、４００字以内で書きます。

2 論理的文章を読む

論理的文章を読むには、文章構成を理解する力、段落の役割が分かる力、各段落のキーワードを見つける力が必要です。そのために、学習過程と教材を工夫しました。リライト教材を読む、教科書教材を読むの順で指導します。授業は、全文をすらすらと一斉音読する（前掲同書、97－99頁）、段落番号を振る、意味段落に分ける、意味段落の役割を確かめる、各意味段落のキーワードを見つける、文章構成を確かめる、の順で学習します。

3　論理的文章を書く

論理的文章の読み方を学習した後で、論理的文章の書き方を学習します。1・2年は主語・述語に気をつけて説明する文、3年は要点、4年は要約、5年は事実と意見の区別、6年は根拠と意見などです。小論文の書き方を参考に書きたい文種に合わせて書きます。例えば、意見文では文章構成を「はじめ・なか1（具体的事例1）・なか2（具体的事例2）・なか3（反論の予想）・なか4（反論に対する意見）・まとめ（具体的事例の共通する性質）・むすび（意見）」と示します。文章構成と段落の役割が変わっただけなので、児童は、段落の内容を一つのキーワードで書くことに注意するだけで書き進められます。各学年の詳細は、後述の実践事例で示します。

●第三章●

全校で取り組んだ小論文の書き方学習

本校では、全学年同じテーマで年間3回、学年ごとのテーマで年間2回、合計5回の小論文を書いています（146-147頁参照）。テーマを同じにすると、児童は安心して書き始めます。以前に書いた作品もファイルに保存されています。友達がキーワードを板書し、具体的な記述も友達が黒板に書きます。それらを参考にしながら書くことができ、自信がつきます。

1　小論文の書き方の学習方法

「小論文の書き方」を一斉音読し「小論文書き方ワーク」のキーワード表を完成させます。選んだ二つのキーワードに共通する性質を考え、まとめの表に書きます。一次原稿に各段落一行ずつ書き、「どちらがじょうずかな」プリントで記述の仕方を確認し、二次原稿を書きます。二次原稿では「なか」を詳しく書きます。最後に、評価の授業で上手な文章の読み聞かせを聞きます。

2　小論文の実際　「お手伝い」（1～6年）

「小論文の書き方」で1年から6年まで同じテーマで小論文を書きます。書き慣れてくると、具体的事例の書き方に工夫がみられるようになり、論理的文章の基本的な書き方が身につきます。

(1)　「おてつだい」1年　口頭作文

① キーワード表（発言を板書する）

①　せんたくたたみ
②　ごはんはこび
3　ふろそうじ
4　おはしはこび
5　おちゃわんはこび
6　いぬのさんぽ

↓

② 口頭作文

はじめ　おてつだいをしました。
なか1　せんたくたたみをしました。
なか2　ごはんはこびをしました。
まとめ　たのしかったです。

【考察】　1　板書したキーワードの中から自分が行ったお手伝いを選び、クラス全員が発表できた。
2　「なか1・なか2」を二つ選んで話す形式に慣れることができた。

(2)「お手つだい」2年

① キーワード表

① りょうり
② ごはんはこび
3 かたづけ
4 おつかい
5 テーブルふき
6 せんたくものたたみ

② まとめの表

なか1	りょうり
なか2	ごはんはこび
まとめ	やくに立ててよかった

【考察】

1 一次原稿では、キーワードを使って一文で書いている。
2 二次原稿では、「なか」に事実を思い出して書いている。
3 1年では、一次原稿しか書いていなかったので、具体的に3、4行で書いたのは初めてである。

③ 一次原稿

はじめ	私はお手つだいをした。
なか1	りょうりをした。
なか2	ごはんをはこんだ。
まとめ	二つともやくに立ててよかった。

④ 二次原稿 評価「優秀」

題名「やくに立ったお手つだい」

はじめ	私はお手つだいをした。
なか1	りょうりのお手つだいをした。お母さんといっしょにじゃがいもをほうちょうできった。八こぐらいきった。そのじゃがいもは、とんじるにつかった。
なか2	ごはんはこびをした。おねえさんと一しょにおこなった。かぞくみんなのごはんを、おぼんにのせてはこんだ。
まとめ	二つともやくに立ててよかった。

(3)「お手伝い」3年

① キーワード表

①　ピザをやく
2　げんかんそうじ
3　せんたくものほし
4　ふとんたたみ
⑤　ごはんをよそる
6　ふろそうじ

② まとめの表

なか1	ピザをやく
なか2	ごはんをよそる
まとめ	楽しかった

【考察】

1　一次原稿は、キーワードを使って一文で書いている。

2　二次原稿は、「なか1」にピザを焼いたことを枚数や時間、会話などを入れて詳しく書いている。

3　「なか2」はごはんをよそったことで数字を入れて詳しく書こうとしたが限界があり、ハンバーグを書き、無理に字数を伸ばそうとして別の具体的事例が入ってしまった。

③ 一次原稿

はじめ	私はお手伝いをした。
なか1	ピザをやいた。
なか2	ごはんをよそった。
まとめ	たのしかった。

④ 二次原稿　評価「優秀」
題名「楽しかったよ」

はじめ	わたしは、今までやったお手伝いのうち二つをしょうかいする。
なか1	わたしは、土曜日の七時にピザを二枚やいた。味は、マルゲリータだ。ピザは、おかあさんとやいた。四分くらいやいた。一つめはやきすぎた。おかあさんが、「だいじょうぶだよ、だれにでもしっぱいはあるよ。」と言った。
なか2	わたしは、月曜日の七時にごはんを五はいよそった。その時は、一人でよそった。しゃもじに水をかけたけど、ごはんがくっついてしまった。おかずは、ハンバーグだった。
まとめ	どっちも楽しかった。またやりたい。

(4) 「お手伝い」４年

① キーワード表

① ねこの食事
2 つくえふき
③ 食器運び
4 ねこのせわ
5
6

② まとめの表

なか1	食器運び
なか2	ねこの食事
まとめ	大変だった

【考察】

1 一次原稿では、キーワードを使って一文で書いている。

2 二次原稿の「なか1」に、食器や料理をテーブルに運ぶ手伝いについて何をどの順番で運んだかを詳しく書いている。

3 「なか2」にねこの食事について餌を出すことから片付けまでを時間的な順序で詳しく書いている。

③ 一次原稿

はじめ	ぼくはお手伝いをした。
なか1	ぼくはキッチンから食器を運んだ。
なか2	ごはんをよそった。
まとめ	楽しかった。

④ 二次原稿 評価「優秀」

題名「大変だったお手伝い」

はじめ	ぼくはお母さんにたのまれて食器運びやねこのえさやりをした。
なか1	ぼくは、キッチンから食器を運んだ。まず最初にサラダの入った食器を運んだ。次にみそしるを運んだ。みそしるは、弟が少しこぼしそうになった。最後にご飯と飲み物を運んだ。ぼくは、ご飯をよそう手伝いをしてから飲み物を運んだ。その後に、はしをテーブルにならべた。
なか2	ぼくは、五月二十一日にかい始めたねこに、えさをやるお手伝いをした。まずえさの入っているふくろからえさを取り出し、小皿にのせてその小皿をねこのいる部屋に持って行く。ねこの鼻先に持っていって食事をさせる。その後すぐに水をやる。そしたら小皿をかたづける。
まとめ	お手伝いは大変だった。その後にほめられたからお手伝いが楽しく思えてきた。

(5) 「お手伝い」5年

① キーワード表

① ハンバーグ作り
2 ふとんほし
3 げんかんそうじ
4 せんたくものたたみ
⑤ 皿運び
6 ふろあらい

② まとめの表

なか1	ハンバーグ作り
なか2	皿運び
まとめ	大変だった

【考察】

1　一次原稿では、キーワードを使って一文で書いている。
2　二次原稿の「なか1」ではハンバーグを作ったときの様子が書けた。ハンバーグをこねた様子や形や大きさなどを詳しく書いている。
3　「なか2」の皿運びは詳しく書く観点が見つけにくいらしく、大雑把な記述となっている。

③ 一次原稿

はじめ	わたしは、土曜日にお手伝いをした。
なか1	お料理をした。
なか2	お皿を運んだ。
まとめ	お手伝いは大変だった。

④ 二次原稿　評価「優秀」
題名「大変だったよ」

はじめ	わたしは、土曜日にお手伝いをした。
なか1	お料理をした。ハンバーグを作った。最初に、人じんを半月切りにした。その後、お肉をこねこねして、いろいろな形にした。ハートの形や、特別に大きい形や、丸い形を作った。できあがったら、ハートの形とか分からなくなった。
なか2	お皿を運んだ。家族の分のお皿も運んだ。きれいにならべた。麦茶もいれた。食べ終わった後もお皿を片づけた。
まとめ	家族の分をやらないといけないので、お手伝いは大変だった。
むすび	お母さんは、大変なのだと思った。

(6)「お手伝い」6年

① キーワード表

①　ゴミ捨て
2　ふろあらい
3　そうじ
4　せんたくものたたみ
⑤　皿洗い
6　おつかい

② まとめの表

なか1	ゴミ捨て
なか2	皿洗い
まとめ	うれしかった

【考察】

1　一次原稿では、キーワードを使って一文で書いている。

2　二次原稿では、皿の洗い方を順序よく書くことができている。

3　お手伝いをするとお母さんに感謝されてうれしいという気持ちを共通する性質にして、二つの事実を詳しく書いている。

③ 一次原稿

はじめ	お手伝いをした。
なか1	ゴミ捨てをした。
なか2	お皿洗いをした。
まとめ	大変だったけどありがとうと言われてうれしかった。

④ 二次原稿　評価「優秀」

題名「お手伝いは大変だ」

はじめ	お母さんのお手伝いを二つやった。その内容はゴミ捨てとお皿洗いだ。
なか1	ゴミ捨てをした。マンションの下のゴミ捨て場に行き、家でたまったゴミを捨てる。そしてカンやびん、ペットボトルの仕分けをする。間違えないように気をつけながら仕分けをする。ゴミを捨て終わり、家にもどり家のインターホンを押す。押したらお母さんが出て、感謝の言葉を言ってくれた。
なか2	お皿洗いをした。お皿洗いはまずお皿に水をつける。水の使いすぎに気をつける。次にあわがついたスポンジで汚れたお皿をきれいにする。お皿をきれいにしたら水であわを取る。その後、お皿をかわかす。かわかし終わったらたなにお皿をしまう。かたづけているとお礼の言葉を言ってくれた。
まとめ	どっちも大変だったけどお礼の言葉を言ってくれてとてもうれしかった。
むすび	この二つのお手伝いをして、お母さんの大変さがわかったのでまたお手伝いをしたい。

(7) 小論文「お手伝い」の考察

小論文は、どの学年も同じ学習過程で400字以内の文章を書きます。「なか」に書きたい事実を挙げることで、「まとめ」に合う具体的事例を選択できます。二つの具体的事例に共通する「まとめ」を書くことで推論の基礎ができます。

学年が上がるにつれて「なか」の記述が詳しくなっています。お手伝いの内容は大体同じでも、物事を捉える観点が徐々に詳しくなるからだと考えられます。

3 同一児童の小論文の変化「運動会」

本校では、全校で6年間（二〇一四年度～二〇一九年度）継続して小論文を書いています。一人の児童の6年間の様子を追うことが可能です。経年観察すると、徐々に「なか」の記述が詳しくなっていく様子が分かります。書き方が分かると、内容に関心が向き、工夫して書くようになります。次の例はテーマ「運動会」で毎年書いて保管しておいた小論文です。同じ児童の6年間の変容がよく分かります。

(1) 1年　だいめい「たのしいうんどうかい」

はじめ	うんどうかいをした。
なか1	たまいれをした。
なか2	大だまおくりをした。
まとめ	たのしかった。

【考察】

1　口頭作文を録音し、授業者が記録したものである。一段落一文、全体を四文で話している。
2　「はじめ・なか1・なか2・まとめ」の文章構成で話している。
3　「なか」に感想が入ったときは言い直させている。

(2) 2年　だい名「楽しかったうんどう会」

はじめ	九月二十七日（土）にうんどう会があった。
なか1	こぶだいこをおどった。ぼうを二本もって、まわしながらおどった。さいごにみんなで「ヤー」と言った。
なか2	大玉をころがした。二年生まではころがして、三年生からはあたまの上ではこんだ。上に上げるのを手つだった。
まとめ	むずかしかったけど楽しかった。

【考察】

1　文章構成を守って書いている。
2　「なか」が1年生より詳しく思い出して書いている。
3　「まとめ」は難しいか楽しいか、どちらかに絞って書かせていくとよい。

(3) 3年　題名「悲しい運動会」

はじめ	運動会があった。
なか1	八十メートル走をした。転んで追いぬかされてしまった。でもあともうちょっとで勝てそうだった。
なか2	「つかめ・ひっぱれ」をした。あともうちょっとで勝てそうだったけど相手が強くて負けてしまった。
まとめ	悲しかった。

【考察】

1　もう少しで勝てそうだったのに、勝てなくて悲しかったという共通する性質で一貫した小論文を書いている。
2　「なか」に気持ちを書かずに書いている。
3　「まとめ」が「悲しい」でもよいという例である。

(4) 4年　題名「面白かった運動会」

はじめ	運動会のことを二つしょうかいする。
なか1	私はドラゴンソーランをやった。初めはドラゴンが出てくるまで短いおどりをおどる。ドラゴンが出てきて、ドラゴンをかたづけたら、またおどる。わたしは、前半、日かげのところでおどっていた。そして、後半は日なたでおどった。はだしなので、足のうらが焼けそうだった。
なか2	私は運動会が始まるときと終わるときにオーケストラとして校歌や君が代、ファンファーレの曲などをひいた。あらかじめ、楽器は校庭に置いてある。曲をひくときに楽器が日に当たっていて、熱くなっていた。思わず楽器を落としそうになった。
まとめ	運動会は、とても暑かったけれど、とても楽しくて面白かった。

【考察】

1　「なか1」では、「はだしなので、足のうらが焼けそうだった」など描写の表現を使い詳しく書いている。

2　校歌、君が代、ファンファーレなど、どんな曲を弾いたのかを、詳しく書いている。

(5) 5年　題名「勝てた運動会」

はじめ	私は運動会をした。
なか1	組体そうをした。私はほとんどが土台だった。最初にやるピラミッドでは、一番上に乗る人のかけ声に合わせて立つ。練習のときはうまくいかなかったが、運動会の本番ではとてもうまくできて、上の人のタイミングに合わせられた。
なか2	き馬戦をした。私のチームは練習で一回もうまくいかず、白はずっと負けていた。でも運動会のときに一回戦は勝てた。二回戦も勝てた。そして、き馬戦の結果は白が勝った。練習のときはうまくいかなかったのに本番では勝てた。
まとめ	練習のときにあきらめないでいてよかった。
むすび	来年も最後まであきらめずがんばりたい。五年生とやるのがとても楽しみだ。

【考察】

1　結果が出るまで諦めずに練習からがんばったことを、二つの「なか」に共通して書いている。

(6) 6年　題名「最高の運動会」

はじめ	私は学校生活最後の運動会をした。
なか1	私の係の仕事は装飾係だった。他の係と違って当日に仕事はないが裏で大活躍する係だ。私は南門に立てる塔に百三十周年の飾りをつけた。赤組の塔には赤の花、白組の塔には白の花を飾りつけた。私はスローガンの文字もぬった。少しはみ出してしまったが、遠くからは見えなかった。
なか2	私は開会式に準備運動をした。一回も練習をしていなかったが、先生が来てくれたおかげで上手にできた。前の方には他の先生も立ってくれて、サポートしてくれた。今年初めて運動会をやった一年生も、私を手本にして体そうをした。終わりの礼をした後も「がんばったね」と先生が言ってくれた。
まとめ	全校のみんなが運動会を楽しめるようにがんばった。
むすび	裏で地味な仕事だけど、最高の運動会ができてよかった。

【考察】

1　6年としての学校での役割を自覚し、運動会の裏方としてがんばったことを焦点化して書いている。

2　「なか」の記述を具体的に書いている。

(7) 小論文の全体の考察

① 「なか」の記述が学年が上がる毎に徐々に詳しくなってきています。

② 小論文を同じテーマで書き続けることで、以前自分の書いた文章を参考にして書くことができます。また、自分の書く力の伸びを自覚することができます。

③ 運動会当日の気持ちが混じった記述から、事実の記述に変化します。さらに、文章全体で伝えたいことを考えた上での記述へと変化しています。

④ 同一児童の6年間の推移をみると、長く書くよりも文章構成の整った分かりやすい簡潔な文章を書くようになります。学習を重ねると、詳しく記述できるようになることが分かります。

4 作品発表

夏休みなどに各種作文募集に応募する児童もいます。台東区で毎年行っている人権メッセージ・人権作文コンテストに二〇一八年度に入賞した児童作品を紹介します。また、台東区発足七十周年記念式典（二〇一七年十月）の記念行事の一つとして「三十年後の台東区」作文募集があり、それに学校代表として応募した作品も載せます。

第三章　全校で取り組んだ小論文の書き方学習

(1) 人権作文コンテスト

題名「思いやり」　4年　527字

はじめ	みなさんは、しょうがいのある人への思いやりについて考えたことがありますか。
なか1	わたしは、電車の中で、もうどう犬をつれた人を見ました。目の見えない女の人を見て、わたしは、大丈夫かなととても不安に思いました。声をかけようかなと思いましたが、周りにたくさん人がいたので声をかけられませんでした。わたしは、電車をおりても、あの女の人がどうなったか気になっていました。そして、またもうどう犬をつれた人を見たときは、今度こそは声をかけようと思いました。
なか2	何日かがたって、次は白と赤のぼうをもった男の人が歩いていました。その男の人もさっきの話と同じで、目が見えない人でした。点字ブロックをたよりにして歩いていました。わたしは、男の人がころんでけがをしないか心配になりました。だから、点字ブロックの上やまわりに自転車などがないか見て、あぶないときは教えてあげようと思いました。男の人は安全に歩くことができていたので、わたしは安心しました。
まとめ	学校で人権について考えたことがあります。私は、人権とは、いろいろな人、いろいろなことを大切にすることなのかなと思いました。
むすび	わたしはこれからも、しょうがいのある人やこまっている人をみかけたら、思いやりの心をもって行動していきたいと思います。

【考察】

1　論理的な文章構成で書いている。

2　4年が人権について考えることは、簡単ではないが、二つの体験をよく思い出して自分の主張の根拠として書いている。

3　「なか」の段落に一つ一つの体験に対する感想を書いている。「なか」の小さなまとめを書いたと捉えることができる。

(2) 「三十年後の台東区」

題名「三十年後の台東区」　6年　508字

はじめ	わたしは、三十年後の台東区がどうなってほしいか考えてみました。
なか1	三十年後の台東区には、外国人のための和風式のホテルをつくってほしいです。理由は、日本に観光にきた外国人がとまるためにも日本をよく知る機会にもちょうどいいと思ったからです。日本のおもてなしの心を知り、外国と日本の交流をふかめ、いざというときに助け合いもできるからです。
なか2	台東区の三十年後には、上野動物園の動物を増やしてほしいです。なぜなら、上野動物園はもともと人気があるから、種類を増やしたらもっと人気が上がるし、自分もうれしいからです。外国人の観光客も喜ぶはずです。また、子供たちにも動物が好きになってもらえるので、動物とふれあえるコーナーもつくってほしいです。
なか3	三十年後には、公共のしせつもたくさんつくって欲しいです。理由は、みんなで遊べるしせつがあったら楽しいと思ったからです。知らない友達ともいっしょに遊んだら友達がたくさんできるからです。友達は遊ぶだけでなく、困ったときには強い仲間にもなってくれます。
まとめ	わたしの思いうかべた三十年後の台東区は、みんなのために考えたものです。そういうものをつくってもらってばかりでなく、自分でもつくってみたいです。

【考察】

1　三十年後の台東区にふさわしい事例を三つ考えて「なか」にしている。

2　体験したことを書く「報告」と違い、未来の展望を根拠とともに書く文章は難しい。三つのキーワードを決めて、三つの根拠にして論理的文章を書いている。

●第四章● 論理的文章を「読むこと」「書くこと」における各学年の実践事例

二〇一八・二〇一九年度の授業研究では、全学年学級が研究授業を実施しました。各学年の実践を「⑴単元名・教材名、⑵教材の特徴、⑶指導目標、⑷指導計画、⑸教材の文章構成、⑹主な発問・指示、⑺リライト教材を使った学習、⑻『論理的文章を書く』の学習で書いた児童作品、⑼評価、⑽成果と課題」の順で説明します。

論理的文章を「読むこと」と「書くこと」は、密接なつながりがあると気づき、「文章構成・段落の役割・キーワード」を核として、小論文とも関連させて校内研究として推進してきました。

1年の実践事例

⑴ 単元名　たのしくよもう（平成二十七年度・令和二年度）
教材名「すずめのくらし」（教育出版1年上）

⑵ 教材の特徴

① 文章の長さは、200字程度で1年には適量である。

② 本教材は10段落あり、段落の数が多い。また、入門期の学習のため、「はじめ」がない。文章構成の把握に適していない。
③ 問いと答えの展開で書かれている。これは、教科書教材に多く見られる。問いと答えに着目しながら読めばよいため、1年向きではある。しかし、中・高校の論理的文章教材では、問いと答えの形式で書かれていない教材が多いので、論理的文章の読み方の学習項目にはしない。

(3) 指導目標

① 音読を繰り返して、文章の読み方に習熟することができる。
② いくつかの課題を話し合い、中心となる語句や文に気づくことができる。
③ キーワードを使って文章構成表にまとめることができる。
④ 好きな動物というテーマで自分の文章を書くことができる。

(4) 指導計画（全5時間）

第1時　リライト教材の学習をする。
第2時　教材全文を音読練習する。意味段落に分ける。
第3時　意味段落ごとのキーワードを見つけ、文章構成表に記入する。
第4・5時　主語と述語の整った自分の文章を書き、紹介し合う。

(5) 「すずめのくらし」の文章構成表

文章構成	段落	キーワード
なか1	①②③④⑤	たべもの
なか2	⑥⑦⑧⑨	みずあび
まとめ	⑩	ちかくでくらすとり

(6) 第3時の主な発問・指示

① 「なか1」は①段落から何段落までですか。食べ物が書いてある段落です。(「なか1」の範囲を考える発問)【解 ⑤段落】

② 「なか2」は⑥段落から何段落までですか。「みずあび」が書いてある段落です。(「なか2」の範囲を考える発問)【解 ⑨段落】

③ 「なか1」に書いてあったことは何ですか。それが「なか1」のキーワードです。隣の人と話して探しましょう。(キーワードの意味を理解する発問)【解 たべもの】

(7) リライト教材を使った学習

① だい「お手つだい」

はじめ	お手つだいをした。
なか1	テーブルをふいた。
なか2	はしをおいた。
まとめ	たのしかった。

② 教科書のリライト教材「すずめのくらし」

はじめ	すずめがいる。
なか1	のはらにいるすずめは、たべものをさがしている。
なか2	みずたまりにいるすずめは、みずあびをしている。
まとめ	すずめは、わたしたちのちかくでくらしている。

(8) 写真に合った文を「なか1・なか2」として書かせた児童作品（一例を示す）

主語と述語に気をつけて、「なか1・なか2」を書く。

だい　　「きりんのくらし」
はじめ　きりんがいる。
なか1　（きりんはこそだてをする。）
なか2　（きりんはみずをのむ。）
まとめ　きりんはそうげんでくらしている。

(9) 評価

① 音読を繰り返して、文章の読み方に習熟している。
② キーワードを使って文章構成表にまとめている。

③　好きな動物をテーマに自分の文章を書いている。

⑽　成果と課題

①　リライト教材、教科書のリライト教材、教科書教材へと易しい文章から難しい文章へステップアップして学習を進めていく方法は、児童にとって無理がなくてよかった。

②　学習指導案の発問・指示を具体的なせりふで作成し、計画どおりに授業を行うことができた。

2年の実践事例

⑴　単元名　しゃしんをつかってせつめいしよう（平成二十七年度）
じゅんじょや様子に気をつけて読もう（令和二年度）
教材名「さけが大きくなるまで」（教育出版2年下）

⑵　教材の特徴

①　文章の長さは、８００字程度、10段落構成で2年には適量である。

②　「なか」が五つあり多すぎるが、さけの成長を季節によって説明しているためこのような構成となる。

③　「まとめ」がない形式となっている。

⑶　指導目標

①　音読を繰り返して、文章の読み方に習熟することができる。

② さけの成長について、季節や場所、さけの様子の移り変わりを考えながら内容の大体を読むことができる。
③ 各段落のキーワードや必要な語句を使って、さけの様子を説明する文章を書くことができる。

(4) 指導計画（全5時間）

第1時　リライト教材の学習をする。教科書教材の範読、難語句の説明を聞き、形式段落に番号を振る。
第2時　教科書教材を全文音読する。意味段落分け、文章構成を考える。
第3時　意味段落毎に音読し、キーワードを見つける。文章構成表にまとめる。
第4時　さけが育つ様子・時間的順序・さけの大きさに印をつける。ワークシートにまとめる。
第5時　全文を一斉音読する。さけが育つ様子を説明する文章を写真に合わせて書く。

(5) 「さけが大きくなるまで」の文章構成表

文章構成	段落	キーワード
はじめ	①	さけ
なか1	②③	たまご
なか2	④	赤ちゃん
なか3	⑤⑥	子ども
なか4	⑦⑧⑨	海でのくらし

なか5	⑩	海から川へ帰ってくる

(6) **主な発問・指示**

① ②を読みます。「秋になるころ……」ハイ。さけはどこから来ますか。見つけたら線を引きましょう。（第2時　②段落の内容を理解する発問）【解　海】

② さけはどこで生まれどこで大きくなりますか。正しいと思う方に手を挙げましょう。

ア　海で生まれ、川で大きくなる。

イ　川で生まれ、海で大きくなる。（内容の理解を確実にする発問）【解　イ】

③ 季節に気をつけて読みましょう。②段落めの最初は秋ですね。他の段落で季節が分かる段落はどの段落ですか。また、季節はいつですか。（季節の変わり目を観点に「なか」を分けやすくする発問）【解　④段落、冬、⑤段落、春】

④ さけが育つ様子をまとめましょう。さけが育つ様子を知るために、どのような言葉に気をつけたらよいでしょうか。（詳しく読むための観点を意識する発問）【解　季節、さけの様子、さけの大きさ、場所】

⑤ さけは、3・4年の間、海を泳ぎ回ります。3年ではどれくらい季節が変わりますか。（3年の長さを季節の繰り返しで理解する発問）【解　秋冬春夏秋冬春夏秋冬春夏】

(7) リライト教材を使った学習

① だい「新かん線」

はじめ	日本には、新かん線が走っている。
なか1	はやぶさは、みどり色の車りょうだ。しゅうてんは、新はこだてえきだ。
なか2	こまちは、赤色の車りょうだ。しゅう点は、秋田えきだ。
まとめ	新かん線は、色がちがう。

② 教科書のリライト教材
「さけが大きくなるまで」

はじめ	さけは北の海にすんでいる。
なか1	さけは海から川にやってきて川でたまごをうむ。冬の間に、たまごから赤ちゃんが生まれる。
なか2	大きくなると、川を下り海へ向かい、そこで育つ。海で三、四年すごす。
まとめ	さけは川で生まれ、海でそだつ。

(8) キーワードを使って、順序に気をつけながら、さけが育つ様子を説明した児童作品

だい　「さけがそだつようす」
はじめ　さけはたまごをうみに、海から川へやってくる。
なか1　さけは川上でたまごを生む。
なか2　冬の間に、さけの赤ちゃんが生まれる。
なか3　春になるころ、さけの子どもたちは川を下りはじめる。
なか4　さけの子どもたちは一か月くらいのあいだ、川口《かわぐち》のちかくでくらしている。
なか5　さけは、三年も四年も海でおよぎ回る。そして、たまごをうみに、じぶんの生まれた川に帰る。

(9) **評価**

① 音読を繰り返して、文章の読み方に習熟している。
② 文章構成を考え、各意味段落のキーワードを見つけている。
③ さけの様子について、季節や場所、さけの様子の移り変わりを考えながら内容の大体を読んでいる。
④ 各段落のキーワードや必要な語句を使って、さけの様子を説明する文を書いている。

(10) **成果と課題**

① 音読を毎時間取り入れることで、音読が上手になった。教材文の理解につながった。
② 季節、大きさなど観点を決めて全体を読むことで、内容を整理して読む方法を実践できた。
③ 写真を活用して、主語・述語の整った文で、さけの様子を説明する文を書くことができた。
④ 滝の高さや川底の深さについては、範読のときに確認するとよかった。

3年の実践事例

(1) **単元名　大事なことをまとめよう（平成二十七年度）**
だんらくの要点をつかもう（令和二年度）
教材名　「めだか」（教育出版3年上）

(2) 教材の特徴

① 文章の長さは、1200字程度、12段落構成で3年には適量である。
② 「はじめ」が長すぎるが、構成は基本的であり、指導に適している。
③ 「なか1」のキーワードが取り出しやすいが、「まとめ」のキーワードは3年には難しい。

(3) 指導目標

① 音読を繰り返して、文章の読み方に習熟することができる。
② いくつかの課題について話し合い、中心となる語句や文に気づくことができる。
③ 分かったことと自分の考えを文章に書くことができる。

(4) 指導計画

第1時　リライト教材の学習をする。教科書教材の範読、難語句の説明を聞き、形式段落に番号を振る。
第2時　文章構成表を活用し、意味段落に分ける。文章構成を考える。
第3時　意味段落毎に音読し、キーワードを見つける。文章構成表にまとめる。
第4時　全文を一斉音読する。「なか1」を音読し、身の守り方をノートにまとめる。
第5時　全文を一斉音読する。「なか2」を音読し、体の特徴をノートにまとめる。
第6時　「めだか」について分かったことを二つ選んで小論文を書く。

(5) 文章構成表

文章構成	段落	キーワード
はじめ	①②	めだか
なか1	③④⑤⑥⑦⑧	身の守り方
なか2	⑨⑩⑪	体
まとめ	⑫	生きている

(6) 主な発問・指示

① リライト教材の「なか1」を読みます。「第一に……」ハイ。めだかはどこに暮らしていますか。(第1時「なか1」のキーワードを見つける発問)【解 水面近く】

② 「なか2」は⑨段落からどの段落まででしょうか。めだかの体のことが書いてある段落です。「なか2」を読みましょう。「めだかは、こうして……」ハイ。(第2時 文章構成を考える発問)【解 ⑨段落から⑪段落まで】

③ 「なか2」はめだかの何について書いてありますか。(第3時「なか2」のキーワードを見つける発問)【解 体】

④ ⑥⑦段落を一緒に読んで、第三と第四の身の守り方を見つけて線を引きましょう。友達と相談していいです。「第三に……」ハイ。(第4時 身の守り方を短くまとめるための発問)【解 小川や池のそこにもぐっていって、水をにごらせ、身を守ります。何十ぴきもあつまって泳ぐことによって、身を守ります。】

⑤　めだかは、水たまりで何度近くまで耐えられますか。見つけて○で囲みましょう。（第5時　体の特徴を理解し短くまとめるための発問）【解　四十度】ノートに、「水たまりで四十度近くまでたえられる」と書きましょう。

(7)　リライト教材を使った学習

①　題「スーパーマーケットのくふう」

はじめ	学校の近くのスーパーマーケットに見学に行った。
なか1	すしのしゃりをつくるロボットや肉を切る電どうカッターで素早く仕上げていた。
なか2	一部屋分ある冷ぞう庫やエレベーターで大量《りょう》の品物を一気にかんりしていた。
まとめ	仕事を便利にするくふうがあって、おどろいた。

②　教科書のリライト教材「めだか」

はじめ	めだかは、たくさんのてきから身を守って生きている。
なか1	第一に、やごやみずかまきりなどのてきがあまりいない水面近くでくらしている。
なか2	第二に、すいっ、すいっとすばやく泳いでてきからにげる。
まとめ	めだかは、いろいろな方法でてきから身を守っている。

(8)　めだかについて分かったことを二つ選んで、小論文形式で書いた児童作品（第6時）

題　「めだかのひみつ」
はじめ　めだかについて分かったことが二つある。
なか1　第一に、水たまりでも生きていけることだ。
なか2　第二に、海水の近くでもたえられることだ。
まとめ　めだかの体はじょうぶにできているなと思った。

(9) 評価

① 音読を繰り返して、文章の読み方に習熟している。

② いくつかの課題について話し合い、中心となる語句や文に気づいている。

③ 分かったことと自分の考えを文章に書いている。

(10) 成果と課題

① 音読を毎時間取り入れることで、上手になった。教材文の理解につながった。

② 全体の文章構成を把握し、キーワードを見つけてから、細部を読み取っていくことで、全員が文章の内容を無理なく理解できた。

③ 「なか1」の学習の後、「なか2」の学習では、「第一に」などの語句がなくても、内容を二つに分けて考えることができた。

④ 教科書のてびきでは要点の定義を「大事な内容」としている。本校の研究で使っているキーワードの定義との違いを明らかにしていくことが課題となった。

4年の実践事例

(1) 単元名　要約文を書こう（平成二十七年度）
大事な言葉や文に気をつけて要約しよう（令和二年度）
教材名　「ウミガメの命をつなぐ」（教育出版4年下）

(2) 教材の特徴

① 文章の長さ2500字程度、20段落構成で4年には少し長い。
② 「なか2」が長文で、「タグ」「送信機」などの語句があるため、キーワードと思い違いをする児童が多く、「なか2」のキーワードが取り出しにくい。
③ 「なか1」のキーワードが取り出しやすいが、「まとめ」のキーワードは4年には難しい。

(3) 指導目標

① 音読を繰り返して、文章の読み方に習熟することができる。
② いくつかの課題について話し合い、中心となる語句や文に気づくことができる。
③ 各段落のキーワードや必要な語句を使って要約を書くことができる。

(4) 指導計画（全5時間）

第1時　リライト教材の学習（全文音読・文章構成・段落の役割・キーワード）をする。教科書教材の範読、形式段落に番号を振る。
第2時　教科書教材を全文音読する。難語句の説明を聞き、繰り返し音読練習をする。文章構成表を活用し、意味段落に分ける。文章構成と段落の役割を考える。
第3時　全文音読をする。意味段落毎に音読し、キーワードを見つける。キーワードの他に要約に必要な語句を見つける。文章構成をまとめ、文章構成表を音読する。
第4時　全文を音読する。文章構成表を音読する。文章構成表を基に、全文を要約する。上手に書いている要約を教師が紹介する。

第5時　全文を音読する。文章の内容が理解できたか、クイズ形式の問題を解く。

(5) 「ウミガメの命をつなぐ」の文章構成表

文章構成	段落	キーワード
はじめ	①②③④	ウミガメ・ほご
なか1	⑤⑥⑦⑧⑨	たまごを産ませる・子ガメをかえす
なか2	⑩⑪⑫⑬⑭⑮⑯⑰	放流
まとめ	⑱⑲⑳	大事な役わり

(6) 主な発問・指示

① リライト教材を読みます。「ウミガメの……」ハイ。何について書かれていますか。ウミガメを○で囲みましょう。（第1時　「はじめ」のキーワードを見つける発問）【解　ウミガメ】

② 「なか」は二つに分かれます。「なか1」は⑤段落からどの段落でしょうか。読みながら考えてみましょう。話が変わったなと思ったところで読むのをやめましょう。⑤段落から読みます。「名古屋水族館は……」ハイ。（第2時　文章構成を考える発問）【解　⑤段落から⑨段落】

③ 「なか2」はウミガメの行動と成長の様子を調べるために、タグや送信機をつけて、ウミガメをどうしたのですか。（第3時　「なか2」のキーワードを見つける発問）【解　放流】

④ 文章構成表の言葉を使いながら、全文を要約します。キーワードは必ず入れましょう。書く文字数は、200字です。一文の長さは、2行までにしましょう。（第4時　要約を書く指示）

(7) リライト教材を使った学習

① 題「てきから身を守る動物」

はじめ	大自然でくらす動物は、てきから身を守って生活している。
なか1	マダラスカンクは、てきが来るとさか立ちになり、くさいえきをおしりから発しゃして、てきにふきかける。そのえき体は、四、五メートルとぶ。
なか2	ふぐの仲間のハリセンボンは、てきが来ると体をふくらませ、体中のはりを立てる。はりは、うろこが変化した物で、四百本くらいある。
まとめ	このように、動物はてきから身を守っている。

② 教科書のリライト教材「ウミガメの命をつなぐ」

はじめ	ウミガメの行動を明らかにするための研究が行われた。
なか1	目印となるタグをつけて子ガメを放流した。日本で放流したウミガメが、アメリカの海岸で見つかることもあった。東に流れる海流に乗って成長しながらアメリカへ行った。
なか2	ウミガメのせなかに送信機をつけて放流した。人工えい星に向けて電波を出し、いつ、どこで泳いでいるかを調べた。ほとんどのウミガメがハワイへ行き、日本へもどってくる。
まとめ	ウミガメの行動が、少しずつ明らかになってきた。

(8) 全文を要約した例（児童作品）（第6時）

水族館では、ウミガメのぜつめつをふせぐために、ほごをしている。取り組んだのは、たまごを産ませて、子がめをかえすことだ。えいようなど研究した結果、たまごを産ませて、かえすことに成功した。次は、送信機をつけて、放流した。すると、ハワイの北西で成長して、自力で日本にもどることが分かった。水族館には、くらしぶりを見せ、ほごに役立てるという大事な役割

がある。（182字）

(9) 評価

① 音読を繰り返して、文章の読み方に習熟している。

② いくつかの課題について話し合い、中心となる語句や文に気づいている。

③ 各段落のキーワードや必要な語句を使って全文を要約している。

(10) 成果と課題

① 音読の目的を伝えて繰り返し音読することや、文章構成を把握しキーワードを見つけることで、文章の内容を無理なく理解することができた。

② 要約のポイントや、二文を一文に書き換える方法を示すことで、要約の方法を理解することができた。

③ 部分的な要約を児童が板書したり、よく書けた要約の全文を教師が紹介したりすることで、意欲的に学ぶことができた。

④ 文章構成表にキーワードと、要約に必要な語句を組み合わせることで、4年でも全文の要約が可能になった。

⑤ 自分の書いた要約を読み返し、指定の文字数に合わせて、より分かりやすい文章にするために推敲する力をつけていく必要がある。

5年の実践事例

(1) 単元名　多様な情報を読み取り、自分の考えを深めよう（平成二十七年度）
多様な情報を読み、根拠となる資料にもとづいて、考えを深めよう（令和二年度）
教材名「世界遺産　白神山地からの提言──意見文を書こう」（教育出版5年下）

(2) 教材の特徴

教材1「ブナの森が支える豊かな自然」

① 文章の長さは、1000字程度、9段落構成で5年には適量である。

② 「はじめ・なか1・なか2・まとめ」の文章構成で書かれており、指導に適している。ただし、「なか2」の文章が長すぎて扱いづらい。

③ 意味段落のキーワードが取り出しやすい。

教材2「白神山地の自然保護──『緩衝《かんしょう》地域《いき》』の役割《わり》──」

① 文章の長さは、700字程度、6段落構成で5年には適量である。

② 「はじめ・なか1・なか2・まとめ」で構成されている。各意味段落に含まれる形式段落の数のバランスもよい。

③ 意味段落のキーワードが取り出しやすい。

(3) 指導目標

① 音読を繰り返して、文章の読み方に習熟することができる。
② いくつかの課題について話し合い、キーワードや必要な語句、文に気づくことができる。
③ 立場を明確にした、意見文を書くことができる。

(4) 指導計画（全7時間）

第1時　リライト教材の学習をする。教科書教材の範読、難語句の説明を聞き、形式段落に番号を振る。
第2時　教材1を読む。文章構成表を活用し、意味段落に分ける。文章構成を考える。キーワードを見つける。
第3時　教材2を読む。文章構成表を活用し、意味段落に分ける。文章構成を考える。キーワードを見つける。教材1・教材2を全文音読し、共通点と相違点を考える。
第4時　資料1（地図）、資料2（入山届出書）、資料3（新聞記事）、資料4（観光客数の変化のグラフ）、資料5（旅行者の感想）、資料6（マタギの方へのインタビュー）、を読み取る。
第5時　小論文の文章構成で意見文を書く。自分の立場を明確にし、「なか1・なか2」に使う資料を選ぶ。メモをつくり、一次原稿を書く。
第6時　意見文の二次原稿を書く。
第7時　立場を明確にした意見文を読み合う。感想を述べ合う。

(5)「世界遺産　白神山地からの提言──意見文を書こう」の文章構成表

教材1「ブナの森が支える豊かな自然」

文章構成	段落	キーワード
はじめ	①	白神山地
なか1	②③	ブナの森
なか2	④⑤⑥⑦⑧	保護運動
まとめ	⑨	めぐみ

教材2「白神山地の自然保護──『緩衝地域《かんしょういき》』の役割《わり》──」

文章構成	段落	キーワード
はじめ	①	世界遺産地域
なか1	②③	核心地域
なか2	④⑤	緩衝地域
まとめ	⑥	自然保護の気運を高める役割

(6)主な発問・指示

①リライト教材の「なか2」を読みます。「ブナは、……」ハイ。キーワードは何ですか。隣の人と相談しましょう。みんなで言いましょう。(第1時　キーワードを見つける発問)【解木材資源】

②教材1の④段落から⑧段落を読みましょう。「ブナは、かつて……」ハイ。白神山地が世界

遺産に登録されたのは、何が広がった結果ですか。隣の人と相談しましょう。漢字四字の熟語です。（第2時　「なか2」のキーワードを見つける発問）【解　保護運動】

③　教材1と教材2の共通点は何ですか。近くの人と相談しましょう。（第3時　比較して読む観点をもたせる発問）【解答例　白神山地の自然は素晴らしいので保護すべきだということ】

④　自分の立場に合った資料を選択し、意見文を書くためのメモをつくりなさい。（第5時　小論文を書くときの根拠を選ぶための発問）

(7) リライト教材を使った学習

① 題「みんなのための仕事」

はじめ	ぼくは、クラスで二つの係当番活動をしている。
なか1	はいぜん台係になった。はいぜん台係は、はいぜん台を並べたり、台ぶきんでふいたりする。ぼくは、ぬれた台ぶきんで、はいぜん台をすみからすみまでふく仕事をした。
なか2	図書委員になった。ぼくは、木曜日の当番で、本の貸し出しや返きゃくの手伝いの仕事をしている。ぼくは、木曜日には欠かさずに仕事をしている。
まとめ	どちらの仕事もやることを忘れずにがんば

② 教科書のリライト教材
「世界遺産　白神山地からの提言『ブナの森が支える豊かな自然』」

はじめ	白神山地は、青森県と秋田県に広がる山地で、中心部分は、ブナの森でおおわれている。
なか1	ブナの森には、土の中にたくさんの水がたくわえられているため、さまざまな植物が生え、それをえさとする草食動物もいる。さらに、それらの動物をえさとする肉食動物もいる。たくさんの生物が関係し合いながら生きている。
なか2	ブナは、かつて、木材として価値の低い木

	っている。
むすび	これからも、人の役に立つ仕事をしたい。

	とされてきた。その後、ブナ材の加工技術が改良されて、木材として利用され始めた。白神山地のブナも、木材資源として注目されるようになった。
まとめ	白神山地のブナの森には、計り知れないめぐみがある。
むすび	自然豊かな白神山地を保護していかなければならない。

(8) キーワードを二つ選んで書いた意見文（第5時・第6時）

立場「人間を自然に近づけずに自然を守る」

はじめ	白神山地を守るためには、人間を自然に近づけない方がよいと思う。
なか1	資料2から、入山届出書は個人情報などをくわしく書かなければならないことが分かった。それは、白神山地の自然、絶めつ危ぐ種、天然記念物などを守るために必要だからだ。入山者に責任をもたせる意味がある。
なか2	資料3の「核心地域でブナ二本、ウワミズキ一本、ミズキ一本が違法伐採された」という記事を読んだ。入山者が、テントの設営場

立場「人間が自然と関わりながら自然を守る」

はじめ	白神山地を守るためには、人間が自然と関わりながら守った方がよいと思う。
なか1	資料5に、「ブナの森でしか味わえない自然の美しさと大きな力を感じた。」とあった。ブナの森をトレッキングすることで、都会とはちがう自然のすばらしさを感じることがたくさんあることが分かった。
なか2	資料6では、マタギの工藤さんが「自分のため、今日のためではなくて、明日も次の年も、次の世代のことを考えた山との付き合い

	所を確保するためだったと分かり、マナーを守らない人がいるということが分かった。
まとめ	きびしい入山届出書を書いても、自然をこわす人はいる。
むすび	だから、人間を自然に近づけないようにして自然を守る方がよいのである。

	方だ。」と言っている。よくばらないことに気をつけていることが分かった。自然を守れば、自然に生かされることも分かった。
まとめ	自然の美しさや自然のよさをよく知って、伝えていかなければならないと感じた。
むすび	だから、自然と関わりながら自然を守った方がよいと思う。

（注）「(8)」の意見文の「はじめ」には、意見が述べられているため、文章構成を「むすび」として示すこともできる。

(9) 評価

① 音読を繰り返して、文章の読み方に習熟している。

② いくつかの課題について話し合い、キーワードや必要な語句、文に気づいている。

③ 立場を明確にした意見文を書いている。

(10) 成果と課題

① 基本となる文章二つを読むことで、教材にあまり時間をかけずに正確に読む学習ができた。

② 小論文の書き方で意見文を書くことができた。ただし、「なか」の部分は体験ではなく、資料を読み取りそこからの自分考えを入れて書くことになった。

③ 文章の「はじめ」の段落に意見を書いた。「はじめ（意見）・なか1・なか2・まとめ・むすび」の文章構成に戸惑う児童がいた。段落の位置と段落の役割の説明が難しかった。

6年の実践事例

(1) 単元名　筆者の考えを読み、感想を書こう（平成二十七年度）

『心の世界』について考え、自分の考えを伝え合おう（令和二年度）

教材名「ぼくの世界　君の世界」（教育出版6年下）

(2) 教材の特徴

① 文章の長さは、2500字程度、22段落構成で6年には文字数も段落数も多い。

② 「はじめ・なか1・なか2・まとめ・むすび」で構成されている。「なか1」が長いが、全体として長さのバランスのよい教材である。

③ 意味段落のキーワードは、難しいが発問を工夫すれば見つけ出せる。

(3) 指導目標

① 音読を繰り返して、文章の読み方に習熟することができる。

② いくつかの課題について話し合い、意味段落のキーワードに気づくことができる。

③ 筆者の主張が書いてある段落を中心に、要旨をまとめ、感想文を書くことができる。

(4) 指導計画（全6時間）

第1時　リライト教材の学習をする。教科書教材の範読、難語句の説明を聞き、形式段落に番号を振る。

第2時　教科書教材を音読し、意味段落に分ける。意味段落ごとに音読練習を繰り返す。
第3時　一斉音読を繰り返し、各意味段落のキーワードを見つける。文章構成表にまとめる。
第4時　全文の要旨をまとめる。要旨に対する自分の感想をメモする。
第5時　要旨に対する感想を書く。自分の考えが明確に表せているか、読み返す。
第6時　友達の書いた感想文を読んだり聞いたりして、自分の感想を深め発表する。

(5)「ぼくの世界　君の世界」の文章構成表

文章構成	段落	キーワード
はじめ	①②③④⑤⑥	議論されてきた問題
なか1	⑦⑧⑨⑩⑪⑫⑬	感覚は共通しているか
なか2	⑭⑮⑯⑰⑱⑲	言葉のキャッチボール
まとめ	⑳㉑	心の世界
むすび	㉒	心を伝え合うための努力

(6)　主な発問・指示

①　リライト教材の「なか1」を読みましょう。「自分と友達が……」ハイ。キーワードを○で囲みましょう。（第1時　キーワードを見つける発問）【解　あまみ】
②　教科書の①段落から⑥段落をみんなで読みましょう。「ぼくが、小学校の……」ハイ。（第2時　一斉音読をして、すらすらと読む練習）
③　「はじめ」は⑥段落までです。文章全体の話題の提示がされています。どのような問題です

か。(第3時　「はじめ」のキーワードを考える発問)【解　議論されてきた問題】

④「なか1」には、「議論されてきた問題」の具体例が書かれています。どのような問題ですか。⑦段落を読んで線を引きましょう。(「なか1」のキーワードを考える発問)【解　感覚は共通しているか】

⑤何段落まで「なか1」の内容ですか。読んで考えましょう。⑦段落から⑭段落まで読みましょう。「例えば、……」ハイ。(第3時　文章構成を考える発問)【解　⑬段落】

⑥筆者の主張が書いてあるのは、㉒段落でしたね。各段落のキーワードを用いて、筆者の主張を中心に140字以内で要旨をまとめましょう。(第4時　要旨をまとめる指示)

⑦要旨に対する自分の感想を300字程度で書きましょう。(第5時　筆者の主張に対する自分の考えを書き表す指示)

(7) リライト教材を使った学習

① 題「運動の重要性」

はじめ	便利な世の中になり運動不足の人が増えたが、人間には運動が必要である。
なか1	理由の一つ目は、生活習慣病予防である。食べた量に対して運動量が少ないと、使わなかったエネルギーはしぼうとして体にたくわえられ肥満となる。肥満が原因となり、糖にょう病や高血圧といった生活習慣病になる恐れがある。運動して肥満を防ぐことは、生活習慣病の予防になる。
なか2	運動が必要な二つ目の理由は、筋力や体の機能のい持をするためである。人は、筋肉や体の機能を使わないでいると短期間でその能力が低下してしまう。けがや病気で、一週間ほどねこんでいると、階段を登るのがつらくなったり、長く歩けなくなったりしてしまうのはそのためである。
まとめ	運動することで、健康な状態を保つことができる。
むすび	ラジオ体操やストレッチなど負荷が低く取り組みやすい運動から始めるとよい。

② 教科書のリライト教材「ぼくの感覚、君の感覚」

はじめ	自分が感じるさまざまな感覚は、全ての人に共通している感覚なのだろうか。
なか1	自分と友達が、同じチョコレートを食べたとする。自分の感じているあまみと、友達が感じているあまみが同じだ、といい切れるだろうか。自分よりも友達の方がずっとあまく感じているのかもしれない。
なか2	友達が腹痛をうったえたとき、自分が腹痛を起こしたときの感覚を思い出す。あくまでも自分が経験してきた痛みの感覚でしかない。自分がこれまでに感じてきた痛みと、友達が感じている痛みとが同じであるとは証明できない。
まとめ	自分の感覚と友達の感覚が同じであるという保証はどこにもない。
むすび	私たちは、まったくちがった感覚の中で生活しているのかもしれない。

(8) 教科書教材の学習後、児童が書いた要旨・感想文（第4時・第5時）

① 要旨

児童A

> 「自分には、自分だけの心の世界がある」という気づきから、自分の感覚と、他の人の感覚は同じであるという保証はどこにないといえる。「言葉のキャッチボール」をすることで、相手と自分の感覚を分かち合えるので、人は心を伝え合う努力を始めるのだと思う。

児童B

> 感覚のちがいなどから、「自分だけの心の世界がある」ということにどんな人も気づく。その自分の思いは、だれかに伝えようとしないかぎり、だれとも分かち合えないし、だれにも分かってもらえない。だからこそ人は、心を伝え合うための努力を始めるのだと思う。

② 感想文

はじめ	私は、筆者と同じように、自分と他人の感覚は、ちがうのかもしれないと思ったことがある。
なか1	私は、友達と一緒にドラマのシーンの話をしていた。「あのシーン、少し怖かったよね。」と言ったら、「私は、ドキドキしてスリルを感じたな。」と返された。そのとき、友達と感じ方のちがいがあることに気付いた。
なか2	二人の感想が一致していないことが少しさびしかったが、この文章を読んで、人それぞれの「心の世界」があってよいのだと思い直した。そのドラマがおもしろくて好きだという共通することがあるのだからと思ったら、少しホッとした。
まとめ	これからも、分かり合うための努力をして、関係を深めていくことがとても重要だと思った。

⑼ 評価

① 音読を繰り返して、文章の読み方に習熟している。

② いくつかの課題について話し合い、意味段落のキーワードに気づいている。

③ 筆者の主張が書いてある段落を中心に、要旨をまとめ、感想文を書いている。

⑽ 成果と課題

① 音読を毎時間取り入れることで、音読が上手になった。教材文の理解につながった。

② 文章構成表を生かして、要旨をまとめることができた。要旨に対する自分の意見を感想文としてまとめることができた。

③ 要約と要旨のまとめ方の違いについてもう少し明確にできるとよかった。

●第五章● 読書感想文の実践事例

読書感想文も小論文の書き方を活用して書くことができます。「感想文」では、「なか」の段落にも感想を書きます。児童が小論文と区別できるようなワークシートを使います。

1 読書感想文の指導方法とワークシート

小論文の書き方を使うと、読書感想文が全員書けることを児童に伝えます。文字数は400字とし、抵抗感をなくします。この学習の目的は、論理的文章と文学的文章を区別して読むことを知り、論理的文章として読書感想文を書けるようになることです。全員が一緒に学習するためには、文字数は400字が適しています（読書感想文コンクールに出す児童については、規定の文字数に合わせた個別指導をします）。⑴付箋紙を貼りながら本を読む、⑵付箋紙にメモを書く、⑶文章構成表を作成する、⑷一次原稿を書く、⑸二次原稿を書く、⑹読書感想文を読み合い、本を読む、の順で指導します。

教師にも児童にも分かりやすいワークシートを作成しました。⑴から⑹までのワークシートを順に使うと3年以上の児童のほとんどが読書感想文を書けるようになります。

(1) 読書感想文を書く準備

1 読書感想文《どくしょかんそうぶん》　本《ほん》の題名《だいめい》『　　　　　　』

年《ねん》　組《くみ》　名前《なまえ》

☆読書感想文《どくしょかんそうぶん》を書《か》く準備《じゅんび》をしよう

年《とし》　組《くみ》　名前《なまえ》

【はじめ】を書《か》く準備《じゅんび》

1　本《ほん》の題名《だいめい》と内容《ないよう》を紹介《しょうかい》しよう。

「～という物語《ものがたり》だ。」

「この本《ほん》には、（　だれだれ　）と（　だれだれ　）が出《で》てくる。」

「この本《ほん》を読《よ》んだきっかけは、～」

【なか】を書《か》く準備《じゅんび》

1　本《ほん》を読《よ》みながら、心《こころ》が動《うご》いたページに付《ふ》せん紙《し》を貼《は》り、簡単《かんたん》に感想《かんそう》を書《か》こう。ページも書《か》いておこう。

P13　かわいそう

○おもしろい　○悲《かな》しい　○不思議《ふしぎ》
○びっくり　○どきどき　○腹《はら》がたつ
○自分《じぶん》だったら　○かっこいい

2　(1)　感想文《かんそうぶん》に書《か》きたいことを二《に》、三《さん》カ所《しょ》選《えら》ぼう。（◎、○をつける）

(2)　付《ふ》せん紙《し》に感想《かんそう》を簡単《かんたん》に書《か》こう。

(3)　書《か》いた付《ふ》せん紙《し》を文章構成表《ぶんしょうこうせいひょう》に貼《は》ろう。

【まとめ】を書《か》く準備《じゅんび》

1　本《ほん》の内容《ないよう》について最後《さいご》に思《おも》ったことを書《か》こう。

「この本《ほん》を読《よ》んで、わたしは～と思《おも》った。」

【むすび】を書《か》く準備《じゅんび》

1　本《ほん》を読《よ》んで自分《じぶん》の考《かんが》えが変《か》わったことやこれから自分《じぶん》がどうしていきたいかを書《か》こう。

「これから、わたしも～」

(2) 文章構成表の例

2 (例《れい》)　読書感想文《どくしょかんそうぶん》　本《ほん》の題名《だいめい》『ごんぎつね　』

年《ねん》　組《くみ》　名前《なまえ》

☆文章構成表《ぶんしょうこうせいひょう》

文章構成《ぶんしょうこうせい》	感想《かんそう》メモ
はじめ	『ごんぎつね』、いたずら、小《こ》ぎつね、かなしい物語《ものがたり》
なか1 心《こころ》が動《うご》いたところ 感想《かんそう》1	うなぎを逃《に》がした場面《ばめん》 P11　後《こう》かい うなぎを逃《に》がしたことを後悔《こうかい》したんだろうな。 P11　後《こう》かい 病気《びょうき》の母《かあ》ちゃんのためだと気《き》づいたから、後悔《こうかい》したと思《おも》う。
なか2 心《こころ》が動《うご》いたところ 感想《かんそう》2	てっぽうでうたれたところ P13　かわいそう 天国《てんごく》へ行《い》ってね。さようなら。 P13　かわいそう いたかったろうな、兵十《ひょうじゅう》はどうしてうってしまったのだろう。
まとめ 全体《ぜんたい》の感想《かんそう》	一人《ひとり》ぼっちは悲《かな》しい。つぐなう気持《きも》ちが伝《つた》わってよかった。
むすび 自分《じぶん》の考《かんが》え	人《ひと》の気持《きも》ちを考《かんが》える。一人《ひとり》ぼっちの人《ひと》に声《こえ》をかける。

読書感想文《どくしょかんそうぶん》の題名《だいめい》「かわいそうなごん。安《やす》らかに眠《ねむ》れ。」

(3) 読書感想文の例

3 読書感想文《どくしょかんそうぶん》　本《ほん》の題名《だいめい》『ごんぎつね　』

(読書感想文《どくしょかんそうぶん》の例《れい》)

年《ねん》　組《くみ》　名前《なまえ》

題《だい》「かわいそうなごんぎつね」

ぼくは、新美南吉《にいみなんきち》さんが書《か》いた『ごんぎつね』という本《ほん》を読《よ》んだ。これは、いたずら小《こ》ぎつねが、自分《じぶん》のしたことを後悔《こうかい》して兵十《ひょうじゅう》につぐないをするお話《はなし》だ。

兵十《ひょうじゅう》が病気《びょうき》のおっかあのために、一生《いっしょう》けん命《めい》うなぎをとっていたのに、ごんは、それを知《し》らないで邪魔《じゃま》をしてしまった。ぼくは、もし、おっかあのためのうなぎだと知《し》っていたら、邪魔《じゃま》をしなかったんじゃないかなと思《おも》う。その後《ご》、いろいろなつぐないをしているのだから、本当《ほんとう》はやさしい小《こ》ぎつねだと思《おも》う。ぼくも、ふざけて友《とも》だちの消《け》しゴムを隠《かく》したことがある。その後《ご》、その子《こ》が困《こま》った顔《かお》をして探《さが》している様子《ようす》を見《み》て、やらなきゃよかったなと思《おも》った。でも、なかなか言《い》い出《だ》せず、そっと、筆箱《ふでばこ》に返《かえ》したことがある。今《いま》でも、やらなきゃよかったと後悔《こうかい》している。
（なか1）

ごんは、つぐないをいろいろしたが、兵十《ひょうじゅう》には気《き》づいてもらえなかった。最後《さいご》に、見《み》つかったとき、ごんは兵十《ひょうじゅう》に鉄ぽうでうたれてしまった。ぼくは、ごんがとてもかわいそうだった。「痛《いた》かったろうな、ごん。兵十《ひょうじゅう》のばか。なぜ、気《き》づいてあげられなかったんだ。神様《かみさま》がいろんなものをくれるわけないだろう。少《すこ》し考《かんが》えればわかるはずだ。」と兵十《ひょうじゅう》に言《い》いたい気持《きも》ちになった。でも、ごんがかくれていたんだから仕方《しかた》がないかなとも思《おも》った。ごんは、死《し》んでしまったが、兵十《ひょうじゅう》にわかってもらえたのはよかったと思《おも》った。
（なか2）

ごんは、一人《ひとり》ぼっちだったので、兵十《ひょうじゅう》にかまって欲《ほ》しくていたずらをしてしまったんだと思《おも》う。一人《ひとり》ぼっちは悲《かな》しいことだと思《おも》う。ごんは、悪《わる》いことをしてしまったけれど、つぐなう気持《きも》ちが兵十《ひょうじゅう》に伝《つた》わってよかったと思《おも》う。
（まとめ）

これからぼくも、ひとりぼっちの人《ひと》がいたら声《こえ》をかけていきたいと思《おも》う。ぼくは、このお話《はなし》を読《よ》んで、さびしい気持《きも》ちを分《わ》かってあげられる人《ひと》になりたいと思《おも》った。
（むすび）

(4) 感想の書き方の例

4 読書感想文《どくしょかんそうぶん》　本《ほん》の題名《だいめい》『　　』

年《ねん》　組《くみ》　名前《なまえ》

☆感想《かんそう》の書《か》き方《かた》の例《れい》

文章構成《ぶんしょうこうせい》		感想《かんそう》の書《か》き方《かた》の例《れい》
はじめ 本《ほん》の紹介《しょうかい》		○この本《ほん》は~という物語《ものがたり》（説明文《せつめいぶん》）だ。 ○この本《ほん》を読《よ》んだきっかけは、~
なか1	心《こころ》が動《うご》いたところ	○~という場面《ばめん》があった。 ○~というできごとがあった。 ○~が「　」と言《い》った。
	感想《かんそう》1	○~と思《おも》いました。なぜなら、~ ○自分《じぶん》だったら、~ ○登場人物《とうじょうじんぶつ》の△ちゃんがこんなことをしたのは、~だからだと思《おも》う。
なか2	心《こころ》が動《うご》いたところ	○~という場面《ばめん》があった。 ○~というできごとがあった。 ○~が「　」と言《い》った。
	感想《かんそう》2	○△ちゃんがこんな言葉《ことば》を言《い》ったのは、~だからだと思《おも》う。だれだって~。 ○~してしまうなんて、とても悲《かな》しいことだ。 ○もし、自分《じぶん》が△ちゃんだったら、~
まとめ	全体《ぜんたい》の感想《かんそう》	○この本《ほん》は、~ ○この本《ほん》を読《よ》んで自分《じぶん》は~
むすび	自分《じぶん》の考《かんが》え	○これから自分《じぶん》も~ ○今度《こんど》は~

感想文《かんそうぶん》の題名《だいめい》「まとめ」か「むすび」のキーワードを使《つか》って考《かんが》える。
小論文《しょうろんぶん》とのちがい……「なか」にも感想《かんそう》を書《か》く。感想《かんそう》を多《おお》くする。

(5) 原稿用紙の使い方

5 読書感想文《どくしょかんそうぶん》　本《ほん》の題名《だいめい》『　　』

年《ねん》　組《くみ》　名前《なまえ》

☆原稿用紙《げんこうようし》を赤線《あかせん》で区切《くぎ》る。（一次原稿《いちじげんこう》）

800字（20字《じ》×40行《ぎょう》）の場合

はじめ	なか1	なか2	まとめ
6行《ぎょう》	14行《ぎょう》	14行《ぎょう》	6行《ぎょう》

1200字（20字《じ》×60行《ぎょう》）の場合

はじめ	なか1	なか2	なか3	まとめ	むすび
6行《ぎょう》	15行《ぎょう》	15行《ぎょう》	15行《ぎょう》	4行《ぎょう》	5行《ぎょう》

○題名《だいめい》と自分《じぶん》の年《とし》、組《くみ》、名前《なまえ》は、一《いち》まい目《め》の先頭《せんとう》の欄外《らんがい》に書《か》く。

☆清書《せいしょ》をしよう。（二次原稿《にじげんこう》）

1　一次原稿《いちじげんこう》を読《よ》み直《なお》し、間違《まちが》えた字《じ》を直《なお》したり、漢字《かんじ》にしたりする。

2　文《ぶん》や言葉《ことば》を削《けず》ったり、付《つ》けたしたり、代《か》えたりする。

3　前《まえ》から順《じゅん》に、丁寧《ていねい》に詰《つ》めて書《か》く。

4　もう一度《いちど》読《よ》み直《なお》す。間違《まちが》いが見《み》つかれば返《かえ》す。

5　右上《みぎうえ》をホチキスでとめて提出《ていしゅつ》する。

〔読書感想文《どくしょかんそうぶん》のでき上《あ》がり〕

(6) 文章構成表

6 読書感想文《どくしょかんそうぶん》　本《ほん》の題名《だいめい》『　　』

年《ねん》　組《くみ》　名前《なまえ》

☆文章構成表《ぶんしょうこうせいひょう》

文章構成《ぶんしょうこうせい》	はじめ	なか1 心《こころ》が動《うご》いたところ	なか1 感想《かんそう》1	なか2 心《こころ》が動《うご》いたところ	なか2 感想《かんそう》2	まとめ 全体《ぜんたい》の感想《かんそう》	むすび 自分《じぶん》の考《かんが》え
感想《かんそう》メモ							

読書感想文《どくしょかんそうぶん》の題名《だいめい》「　　」

2 読書感想文の実践実例

国語の時間に「注文の多い料理店」を学習した後に、感想文の書き方を全員に教え、400字の読書感想文を書きました。夏休みに読書感想文の課題を出すときには、同じように書くことができます。

(1) **題名「だまされるな」3年**
（学習後の読書感想文・全員対象）400字

はじめ	ぼくは「注文の多い料理店」という話を読んだ。犬と男の人と猫が出てきて二人の男の人が不思議なレストランに入る話だ。 この本を読んだきっかけは何でそんなに注文が多いのか知りたかったからだ。二人の男の人が不思議な西洋レストランに入っていくという場面があった。
なか1	ぼくは、あやしいと思った。なぜなら山のおくにレストランなんてあるわけないと思ったからだ。もしもぼくが二人の男の人だったらあやしすぎるから入らないで、別のところに行くと思う。なぜなら入ってからすぐにレストランの中じゃなかったからだ。
なか2	つぼの中のクリームや塩をぬったりもんだりする場面があった。でも、なぜかクリームは牛乳だった。ぼくは、牛乳のクリームと塩だった時点で「料理の注文じゃなくてお客さんへの注文が多いんだ。そして、こっちが食べるんじゃなくてレストランの人が食べるんだ。」と思った。「おーい、お前らが食べるんじゃない。お前らを食べるんだ。だから逃げろ。」と二人の男の人に言いたい気持ちになった。
まとめ	ぼくは、この注文の多い料理店を読んでレストランの人がお客を食べるなんておかしいと思った。
むすび	これからぼくは、もしもあやしいところがあったら入らないようにしたいと思う。

【考察】

1 「はじめ・なか1・なか2・まとめ」の文章構成で400字以内で読書感想文を書いている。
2 書きたい場面を二つ選び、その一つずつに感想をつけている。小論文の形式を活用して、読書感想文を書いた例である。
3 授業で全員が取り組む読書感想文は、このような形式で書かせるとよい。児童全員に読書感想文指導が可能になる。

(2) 題名「『ただいま、マラング村』を読んで」6年

（読書感想文コンクール代表者作品）1200字

はじめ	ぼくは、『ただいま、マラング村』という本を読みました。タンザニアの男の子のお話です。路上でくらすことになった主人公の「ツソ」の実話に基づく話という表紙を見て、小さい子供が路上で暮らすという日本では考えられないことなので、気になって読んでみました。
なか1	ツソは四才で八才の兄ダウディと二人で、父さんが死んだ後、母さんは村からいなくなってしまって、おばさんの家に引き取られて、暮らしていました。しかし、おばさんにおこられてばかりで、ツソは、ダウディと夜中におばさんの家から逃げ出しました。 両親がいなくなって、怖いおばさんに毎日怒られたら、ぼくも逃げ出したくなるけれど、まだ小さい二人でお金も行く当てもないのに、逃げ出すなんてすごいです。ぼくにはそんな勇気はありません。ぼくは、日本で家族と暮らしているから、ツソと同じような立場になったら、そういうことも考えるかもしれません。
なか2	町にやってきたツソとダウディは人混みの中ではなればなれになってしまい、お兄ちゃんと何か食べ物を探さないといけなくなりました。その間に野犬と友達になってそれから四年間、朝から夜まで、通りをうろうろしていました。ねるのも、食べるのも、道の上という路上暮らしになりました。町には、同じように、道ばたで暮らす子供が大勢いてなかまになりました。食べ物は、盗んだりして、たくさんの町に行ったりして生活しました。 一人になって、四年間も路上で暮らすなんてとても難しくて、たくさんの仲間がいたから、さびしくなかったかもしれないけれど、ぼくにはできません。
なか3	ある日、ツソは「シスター」と出会って、寄宿舎という、学校へ行ったことがない子供たちが、一緒に暮らしながら勉強している建物に住むことになりました。寄宿舎では、自分で食べ物を探さなくても、毎日食べたり飲んだりできて、勉強する時間がたくさんありました。 寄宿舎でくらして五年がたって、初めて一度外へでかける決心をして自分のマラング村へ冬休みにいきました。おばさんの家についてツソは勇気を出して大声で叫びました。「こんにちは。」中から、優しくて力強い声で「どうぞ!」お兄ちゃんの声です。これで話は終わりました。長い間会えなかったお兄ちゃんは、おばさんの家にいたんだと思いました。すごくうれしかったと思います。
まとめ	今でもアフリカと他の国には、道ばたでくらす子供が大勢いて、テレビやゲームも知らなくて、その日食べる物のことを考えるのがせいいっぱいだそうです。
むすび	ぼくは、日本でふつうに暮らしているけれど、世界には、ツソのような子供がたくさんいることを知って、かわいそうに思いました。 心のどこかで、ツソ達のことを覚えておいて、家族や普通に暮らせることを大切にして生きていきたいと思います。

【考察】

1　約1200字の読書感想文である。小論文形式で400字で書く読書感想文では、「なか」を二つにしている。1200字では文字数を増やすために、「なか」を三つにしている。

2　小論文の書き方を応用して文章構成の整った読書感想文を書いている。

3　読書感想文の成果と課題

⑴　成果

どの児童も、小論文の書き方を生かして、ワークシートを使いながら読書感想文を書くことができました。書いた後、友達同士で読み合うと、友達の読んだ本を読みたくなり、読書を推進するきっかけにもなりました。書いた満足感をもつことができました。

８００字や１２００字の読書感想文についても、小論文の構成で書くことができるようになりました。コンクールに入賞するような作品内容ではありませんが、本の内容を全部読んだ後、自分の心に残った場面について感想を述べるという表現ができました。

⑵　課題

授業者と児童に分かりやすいようにと開発したワークシートでしたが、枚数が多いことで指導が煩雑になった面があります。ワークシートの精選が必要です。

低学年には、もっと簡単な手順で、字数を少なくした指導を考える必要があります。

●第六章● 学校研究の成果と課題

1 成果

小論文の指導では、ほとんどの児童が小論文の書き方を理解し、喜んで書くようになりました。小論文の書き方を理解すると、意見文、紹介文、推薦文、スピーチ原稿、読書感想文なども構成を工夫しながら書くことができるようになりました。二〇一九年十月の2年から6年へのアンケート調査では、90パーセントの児童が、小論文の書き方が分かると回答しました。

論理的文章の読み方の指導では、文章構成や、段落の役割、キーワードを考えて読むという読み方が身につきました。作成したリライト教材を使って何度もキーワードを見つける学習をしていると、ヒントがなくてもキーワードを見つけられるようになりました。前出のアンケート調査では、キーワードを見つけられるようになったと回答した児童は82パーセントでした。文章中のキーワードを見つけるという学習が定着してきた結果だと思います。

台東区・東京都・全国の諸学力調査でも学力の向上が見られ、小論文の学習などの結果の表れの一つだと考えられます。

2　課題

小論文の学習では、論理的文章の基本の型を身につけることができました。しかし、「なか」をどのように詳しく書けばよいのか分からずに困っている児童に対する手立てに課題があります。出来事を思い出すのに役立つワークを作成し、２年で実践してみましたが、学習の手順が増えることで煩雑になったり、出来事を羅列している記述が多くなったりするなど、十分とは言えませんでした。

また、長文の論理的文章を児童が自分で読むことができるようになるためには、作成したリライト教材をどのように活用していけば効果的なのか、具体的な学習方法を考えていくことがこれからの課題です。

【研究発表会を終えて】

東京都台東区立東泉小学校長　佐藤　貴生

令和元年十一月十五日（金）に、二百四十名の先生方にご来校いただき、平成三十年・令和元年度台東区教育委員会研究協力学校研究発表会を開催しました。本校の研究は六年前がスタートです。埼玉大学名誉教授　日本言語技術教育学会会長　市毛勝雄先生が当時の四年生に一時間目から四時間目まで小論文の授業を行ってくださいました。するとすべての子供たちが、一次原稿、二次原稿と書き上げ、どの子も大きな○をもらい満足感いっぱいの笑顔で授業を終えました。その時の全教員の「自分もこのような授業がしたい」との声で「論理的な文章を書く力を育てる指導法の研究―小論文を書くことを通して―」の研究が始まりました。市毛先生には急逝されるまでの三年間、専任講師として小論文の学習の進め方・評価の方法等熱心にご指導をいただきました。その後三年間は、本発表会でご講演いただいた青山学院大学准教授　長谷川祥子先生にご指導いただきました。小論文の学習は継続しながら、児童に論理的な文章の読み方を身に付け、読み取りから学んだ知識や技能を活用して、論理的な文章を書けるようにするための基礎的な指導事項を導き出し、研究主題「小論文指導で育成する論理的思考力・表現力―『文章構成・段落の役割・キーワード』を核として―」が生まれました。

今年度は、研究発表会に向けて講師長谷川先生ご指導の下、全学年二回の研究授業を行い、夏季休業中に研究紀要と本時の学習指導案を仕上げ、全教職員が「チーム東泉」で研究発表に取り組みました。研究を通して子供の姿が変容しました。教師の授業力が向上しました。学力調査では、読む力・聞く話す力が飛躍的に伸びました。まだ研究は道半ばですが、今後の課題も見えてまいりました。今後も研究実践に精進いたす所存です。講師の先生を始め、多くの皆様に感謝申し上げます。

あとがき

本書は、埼玉県三郷市立吹上小学校と東京都台東区立東泉小学校とがそれぞれ実践した、論理的文章を「書くこと」を中心とした学習指導の数年間にわたる学校研究をまとめたものです。両校の研究は、これまでの心情を重視した文学的表現に価値を求める、従来の「書くこと」の学習から転換した、新しい学校研究でした。両校には、全校で同一のテーマや学習目標、学習内容で書き、論理的表現力の育成を目指すという共通項がありました。学校研究を系統的に進めるうちに、子どもたちの学力が伸張し、学習の成果が顕著になるなど、各地域で先駆的な役割も担いました。

明治図書　林　知里様に、本研究の意義を認めていただき、多大なお力をいただくことによって、2校の学校研究を出版することができました。心から深く感謝申し上げます。校正では関沼　幸枝様に丁寧かつ的確に見ていただきました。北海道や首都圏の緊急事態宣言解除の前後、毎日、状況が変動する中、ご対応いただきました。感謝の言葉をいくつ申し上げても足りません。

「はじめ・なか・まとめ・むすび」という構成の小論文指導は、恩師である市毛勝雄先生（一九三一～二〇一七年）が考案されました。吹上小学校の小川智勢子氏と、東泉小学校の西山悦子氏はその指導理論を熟知され、若手の先生方に易しく説明し、小論文学習を学校全体の共有財産としました。

本研究は、今年度、授業時数の確保に苦慮している中、その成果を発揮します。是非、小論文学習の機会をつくり、子どもの考えを発信していただきたいと願っております。

二〇二〇年六月二日

長谷川　祥子

参考文献

国分一太郎『新しい綴方教室』新評論、一九五二年
沢田允茂『現代論理学入門』岩波新書、一九六二年
市毛勝雄『説明文の読み方・書き方』明治図書、一九八五年
木下是雄『理科系の作文技術』中公新書、一九八一年
田中潔『実用的な科学論文の書き方』裳華房、一九八三年
田中潔『手ぎわよい科学論文の仕上げ方（付）初心者べからず集　第2版』共立出版、一九九四年
国語教育研究所編『「作文技術」指導大事典』明治図書、一九九六年
桜沢修司『論理的な作文の指導技術』明治図書、一九九六年
市毛勝雄『言語技術教育としての国語科』明治図書、一九九八年
市毛勝雄『国語科教育の授業改革論』明治図書、一九九八年
渋谷孝『作文教材の新しい教え方』明治図書、二〇〇一年
市毛勝雄監修、埼玉県春日部市立武里南小学校『論理的思考力を育てる「発信型の読み」の授業』明治図書、二〇〇九年
市毛勝雄『小論文の書き方指導　4時間の授業で「導入」から「評価」まで』明治図書、二〇一〇年
長谷川祥子『小学校国語科　論理的文章を書く力を育てる書き方指導　論理的思考力・表現力を身につける小論文指導法』明治図書、二〇一七年

研究に携わった本校職員（埼玉県三郷市立吹上小学校）

2019（令和元）年度

校　長　岡田　範男		教　頭　守田　純一	
坂本　亮	酒井　明美	成宮　栞	桑原　佑太
青木　貴弘	小川智勢子	東　将太郎	榊原　直希
山田　啓史	佐藤　慶子	月村咲百合	成島かおり
矢口　信也			

2018（平成30）年度

吉田　恵子	大山　悠輔	中島　星耶	野田友里恵
大久保杏奈	坂橋　洋子	西村美津子	

埼玉県三郷市立吹上小学校

〒341-0045　埼玉県三郷市寄巻921-1

TEL　048-955-5964　　FAX　048-955-5988

研究に携わった本校職員（東京都台東区立東泉小学校）

2019（令和元）年度

校　長　佐藤　貴生　　　　　副校長　西木　一志

清水　愛永　谷古宇　栄　西山　悦子　平島奈々恵
本部　綾貴　高木　恵　堀越　由美　岩上　達也
藤井　順子　江川みどり　佐藤　謙治　丸山　貴史
柳澤　千尋　西澤　譲　池田　知子　近藤　正人
宮田　唯　田村　雅子　田野辺大助　寺田　節子
小見　恵子　我妻　孝　小倉　幸枝　井口　従子

2018（平成30）年度

副校長　松田　正昭

丸山　佳奈　佐藤　莉紗　土田　真紀　鈴木　陽子
樋口　俊夫

2017（平成29）年度

楠　暁　久保　哲也　岩本圭一朗　小林　哲
梶山　弥恵

2016・2015（平成28・27）年度

副校長　大木　毅

田中　美冴　稲葉　英美　田中　圭子　菊池有利子

2014（平成26）年度

校　長　古谷　尚律

阿部　千春　小川　恵

東京都台東区立東泉小学校

〒110-0011　東京都台東区三ノ輪１-23-9
TEL　03-3874-5947　　FAX　03-3871-9506

【編著者紹介】

長谷川　祥子（はせがわ　さちこ）

1987年埼玉大学教育学部卒業，2006年早稲田大学大学院教育学研究博士後期課程満期修了。1987年都立足立ろう学校教諭，1991年北区立堀船中学校教諭，1999年新宿区立牛込第二中学校教諭，2006年東京都教育委員会指導主事，2011年豊島区立豊成小学校副校長，2013年北海道教育大学，2017年より青山学院大学勤務。

〈著書〉

『小学校国語科　論理的文章を書く力を育てる書き方指導』（2017），『中学校新国語科　系統的指導で論理的思考力＆表現力を鍛える授業アイデア24』（2012），『論理的思考力を育てる授業の開発　中学校編』（2003），いずれも明治図書

〈編著〉

『はじめて学ぶ人のための国語科教育学概説　小学校』（2018），明治図書

【著者紹介】

小川　智勢子　　埼玉県三郷市立吹上小学校

西山　悦子　　東京都台東区立東泉小学校

小学校国語科　どの子も必ず書けるようになる
「書くこと」の授業づくり
すぐに使える練習ドリル付き

2020年8月初版第1刷刊　©編著者　長谷川祥子
著者　小川智勢子
　　　西山悦子
発行者　藤原光政
発行所　明治図書出版株式会社
http://www.meijitosho.co.jp
（企画）林　知里（校正）関沼幸枝
〒114-0023　東京都北区滝野川7-46-1
振替00160-5-151318　電話03(5907)6703
ご注文窓口　電話03(5907)6668

＊検印省略　　組版所　株式会社アイデスク

Printed in Japan　　ISBN978-4-18-387515-0